山西省高等学校哲学社会科学研究资助（2020W076）

前沿·学术·经典
经管文库·经济类

生产性服务业集聚、制造业创新集聚与研发效率提升

Agglomeration of Producer Services, Agglomeration of Manufactures' Innovation and R&D Efficiency

王志强／著

经济管理出版社
ECONOMY & MANAGEMENT PUBLISHING HOUSE

图书在版编目（CIP）数据

生产性服务业集聚、制造业创新集聚与研发效率提升/王志强著．—北京：经济管理出版社，2021.2

ISBN 978－7－5096－7768－1

Ⅰ．①生…　Ⅱ．①王…　Ⅲ．①制造工业—服务经济—经济发展—研究—中国　Ⅳ．①F426.4

中国版本图书馆 CIP 数据核字(2021)第 031299 号

组稿编辑：赵天宇
责任编辑：赵天宇
责任印制：黄章平
责任校对：陈晓霞

出版发行：经济管理出版社
（北京市海淀区北蜂窝 8 号中雅大厦 A 座 11 层　100038）
网　　址：www. E－mp. com. cn
电　　话：（010）51915602
印　　刷：北京晨旭印刷厂
经　　销：新华书店
开　　本：720mm×1000mm/16
印　　张：12.5
字　　数：182 千字
版　　次：2021 年 3 月第 1 版　　2021 年 3 月第 1 次印刷
书　　号：ISBN 978－7－5096－7768－1
定　　价：88.00 元

前　言

供给侧结构性改革已经成为中国经济“新常态”发展阶段的重要战略选择。本书以空间经济学的核心视角——“集聚”为观察角度，探讨中国经济供给侧的重要组成部分——生产性服务业的空间集聚、制造业创新活动的空间集聚及对研发效率的影响，以期从集聚的视角为供给侧的空间优化配置和效率提升提供相关启示。

首先，以空间基尼系数和熵指数为主要集聚度测算指标，测算中国生产性服务业及细分行业的空间集聚度演进趋势。同时在借鉴制造业空间集聚度影响因素和考虑生产性服务业特征的基础上，提出有关生产性服务业集聚动因的机理分析，最后利用系统 GMM 两步法进行实证检验。研究发现：其一，2003～2013 年交通运输、仓储和邮政业；信息传输、计算机服务和软件业；金融业；科学研究、技术服务和地质勘探业 4 个生产性服务业细分行业的集聚度持续上升，仅有租赁和商务服务业集聚度持续下降。整体上中国生产性服务业存在空间集聚的趋势。其二，新古典经济学所强调的专业化劳动市场和本地知识溢出效应、新经济地理学所强调的循环累积因果效应、制造业集聚的本地市场需求效应、区域市场化程度和法治化程度等制度因素均对生产性服务空间集聚具有显著的促进作用。

其次，探讨生产性服务业集聚与制造业创新活动集聚的相互影响关系，并进行了实证检验，研究发现：其一，1998～2013 年制造业创新活动的空间集聚度持续上升，这类似于生产性服务业集聚度的演进趋势，但不同于制造业非创新活动先集中后分散的倒“U”形集聚度演进趋势。其二，生产性服务业集聚会产生产业间集聚正效应、产业内集聚正效应以及集聚负外部性。对知识密集型的制造业创新活动而言，其接收集聚正效应的能力更强，因此，综合效应为正，即生产性服务业集聚能够促进制造业创新活动在其周围集聚。相反，对制造业非创新活动而言，综合效应为负，即生产服务业空间集聚迫使劳动密集度更高的制造业非创新活动向中西部地区扩散。其三，无论制造业创新活动还是非创新活动集聚，均可以通过本地市场效应促进生产性服务业集聚。

再次，探讨制造业创新活动集聚能否推动集聚地研发效率提升。利用2003～2013年中国28个省级高技术制造业研发数据和随机前沿方法，在有效控制其他影响因素基础上，实证研究发现：其一，制造业创新活动集聚能够提升制造业的研发效率。其二，2003～2013年，除黑龙江外，27个省份的高技术产业研发效率均有所上升。其三，对省级研发效率空间相关性和收敛性的研究发现，环渤海、长三角和珠三角的部分地区之间具有较弱的空间正相关性，广大中部、西部省份之间不存在空间相关性；2003～2013年中国各省高技术产业研发效率上存在显著收敛趋势。

最后，根据以上研究结论对生产性服务业和制造业创新活动的空间优化配置以及制造业研发效率提升提出相关对策建议。

目　录

第一章 绪 论

本章首先提出了所要研究的问题，即生产性服务业空间集聚、制造业创新活动集聚以及制造业研发效率的影响关系与传导机制，并对研究的现实意义进行了说明。其次，对书中主要研究对象进行了概念界定。为了厘清本书的研究脉络，本章还提供了较为详尽的技术路线图。最后，提出本书在以上研究过程中所具有的创新之处和局限性。

第一节 问题提出与研究意义

基于经济活动“集聚”的现实规律性以及现有研究存在的不足，本书提出所要研究的主要问题，即生产性服务业空间集聚、制造业创新活动集聚以及制造业研发效率的相互关系是怎样的。这一问题的研究对于把握知识密集型经济活动的空间演进规律、优化创新资源的空间配置以及制造业研发效率提升具有重要的现实意义。

一、研究问题提出

空间经济学的核心议题是“集聚”，是各种类型经济活动和生产活动的空间集聚。18 世纪中后期，随着第一次工业革命在英国和欧洲大陆的不断推进，人类开始由农业文明逐渐步入工业文明，工业生产开始对人类生产、生活的组织方式产生深刻影响。从空间视角来看，集聚或空间上的高密度是工业文明时代的一项新特征。根据三次产业发展规律，农业生产占主导的时代完成之后，工业和制造业在国民经济中的地位不断提升，表现为工业增加值在GDP中占比不断上升，最终超过50%而居于主导地位。因此，国内外学者在空间经济学和集聚这个议题上，首先关注的是制造业的空间集聚，例如，美国的制造业重要集中在东北部、五大湖地区，以及加利福尼亚州，Krugman（1990）称为“制造带”。而对于中国制造业的空间布局，随着改革开放的到来，市场在资源配置，包括空间配置中的作用逐步发挥。企业的空间布局，本质上属于资源在空间上的优化配置，开始更多受到市场机制的作用。相关研究表明，1990～2010年，中国制造业的空间集聚度经历了倒“U”形的演进趋势。1990～2004年，中国制造业的空间集聚度持续提升。在良好的交通区位优势、政策倾斜、充足的廉价劳动力、改革开放的制度安排等因素的促进作用下，以长三角和珠三角为代表的广大东南沿海地区吸引了大量制造业企业的迁入和快速发展，促进了当地经济的腾飞。2004年以后，随着“刘易斯拐点”的到来，中国的人口红利逐渐消失，同时集聚所带来的负效应逐渐显现，主要表现为土地价格上涨和城市环境污染加剧，这在一定程度上制约了制造业效率和获利能力的提升。加之2000年以后西部大开发、中部崛起和振兴东北老工业基地等区域协调发展政策的实施，东南沿海的大量制造业企业开始向广大中西部迁移，从而形成2004年之后中国制造业空间布局逐渐分散化的现象。

为了进一步提升效率，服务业，尤其是生产性服务业逐渐从制造业中分离出来，制造业和服务业的专业化分工愈加明显，经济服务化的趋势日益显现。截至2015年底，中国第三产业增加值在国民经济中的占比首次超过50%，达到50.5%，全年增速为8.3%，比GDP增速高出1.4%。2016年第三产业增加值占比再次提升1.1%，达到51.6%，全年增速7.8%，比GDP增速高出1.1%。第三产业显然已经成为经济“新常态”背景下提振中国经济的关键力量。

我们不禁要问，随着中国生产性服务业的不断发展，是否与制造业一样会出现生产性服务业在空间上的集聚现象？中国生产性服务业的空间集聚度演进趋势是怎样的？是否与制造业一样，在2004年之后随着人口红利和集聚拥挤效应的出现而向广大中西部地区扩散？已有相关文献提出了制造业空间集聚的机制机理，这是否适用于解释生产性服务业的空间集聚？这正是本书所要关注的第一个问题。

生产性服务业具有明显的知识和技术密集型特征。生产性服务业在空间上的集聚，一方面会给集聚地带来大量高水平专业人才，而高水平专业人才的出现本质上即马歇尔所言的“Labor Pool”；另一方面，这些专业人才在一定空间的集聚必然会提高正式或非正式交流的频率，最终带来大量的信息和知识外溢效应。简言之，生产性服务业的空间集聚会带来众多集聚正效应。而同样具有知识和技术密集型特征的制造业研发创新活动，是否会受到生产性服务业空间集聚的影响，在空间区位选择时逐渐向生产性服务业集聚地迁移，形成生产性服务业和制造业研发创新活动的协同空间集聚？即生产性服务业集聚所带来的空间集聚正效应，是否会吸引制造业研发创新活动，影响制造业创新活动的区位选择？这是本书所关注的第二个问题。

进一步考察中国制造业的研发创新活动，可以发现，中国制造业的研发投入—产出效率比较低。以中国高技术产业为例，虽然在1998～2013年，中国高技术产业研发要素投入大幅增长：研发人员全时当量从1998年的70879人年增加到2013年的559228人年，年均增长幅度高达14.76%；研发经费内部支出从56.45亿元增加到1734.37亿元，年均增长幅度为25.65%；研发强度也从0.699%上升到1.865%。但中国高技术产业的国际竞争优势依然尚未建立起来。以笔记本电脑产业为例，苹果、戴尔、惠普、宏碁和华硕等外资与台资企业一直占据“微笑曲线”价值链右端的品牌运营与营销等高附加值环节，以微软、苹果、Intel、AMD、NVIDIA为代表的外资企业占据着价值链左端的核心软、硬件开发与生产环节，而大量中国本土企业依然徘徊在高能耗、高污染和低附加值的非核心零部件制造加工和组装环节，全球价值链地位并未得到明显改善。可以看出，中国高技术产业多年持续研发投入的效果并不明显，高投入、低产出的现象依然显著存在，研发效率依然有待进一步提高。朱有为和徐康宁（2006）、陈修德和梁彤缨（2010）以及杨青峰（2013）对中国高技术产业的研发效率进行了测度，2004年、2007年和2009年，中国各地区研发效率的均值分别为0.258、0.540和0.313（以1为最大值）。尽管不同学者的测算方法和测算结果存在一定差异，但依然可以看出，中国高技术产业的研发效率尚存在较大的提升空间。那么，从空间的视角来看，研发创新活动的空间集聚所带来的空间外部性是否有助于提升研发效率？如果研发活动具有空间非中性特征，那么可以说我们又从空间的视角发现了一条提升研发效率的有效途径。这正是本书所关注的第三个问题。

二、现有研究存在的不足

第一，生产性服务业集聚动因的解释方面。生产性服务业属于高度的知识和技术密集型产业，集聚地的知识溢出效应对于吸引更多生产性服务业企业的到来具有重要作用。生产性服务业企业同时还属于高度的“契约密集型”产业，其发展对于区域法治化水平和契约维护程度具有一定程度的依赖。但这些因素在已有实证文献中还没有得到实证检验。

第二，目前尚未有文献单独对制造业的创新活动集聚进行研究。少量的已有文献主要使用区域的专利申请或授权数为区域创新的代理变量，区域的专利申请来自整体经济活动，并非仅来自制造业创新活动。同时，是否可以从研发投入指标、研发中间产出指标、研发产值指标等多个维度对制造业创新活动空间集聚度进行综合测度，以得到更加准确的制造业创新集聚度？另外，生产性服务业集聚与制造业创新集聚之间具有互动关系。以制造业创新活动为代表的知识密集型活动是生产性服务业的直接需求者，因此，制造业创新活动的空间集聚通过本地市场规模效应吸引生产性服务业在其周围集聚，但已有文献尚未考虑生产性服务业集聚对制造业创新集聚的影响，或生产性服务业集聚与制造业集聚之间的交互影响。

第三，研发效率影响因素的选择方面。1998 年以来，制造业研发创新活动的空间集聚度逐年提升，空间集聚现象日益凸显。创新活动的空间集聚是否显著影响了集聚地制造业的研发效率？已有的文献尚未对此做出回答。

三、研究意义

本书的研究意义主要包含以下三个方面：

第一，根据《中华人民共和国国民经济和社会发展第十三个五年规划纲要》（以下简称《纲要》）的要求，“十三五”期间要加快推动服务业优质高效发展，“开展加快发展现代服务业行动，扩大服务业对外开放，优化服务业发展环境，推动生产性服务业向专业化和价值链高端延伸”，“促进生产性服务业专业化，必须以产业升级和提高效率为导向”。而空间经济学研究业已证明，空间是非中性的，经济活动在空间上的合理集聚会产生动态集聚外部性，最终有助于提高生产活动的全要素生产率。通过生产性服务业空间集聚的研究，一方面可以了解过去中国生产性服务业的空间集聚度演进趋势；另一方面可以进一步分析生产性服务业空间集聚的影响因素。对政府部门而言，可以通过合理引导影响因素的变化以实现生产性服务业在空间上的优化配置。

第二，通过研究制造业创新活动的集聚演进规律，可以有效引导创新资源在空间上实现优化配置。本质上，在创新要素投入短期内（“十三五”期间）无法大规模增加的情况下，东部和中西部之间应该如何协调？具体来说，“十三五”期间，中部、西部地区需要通过各类优惠政策吸引东部的高水平人力资本和创新投资基金进入，推动当地的研发创新活动的开展吗？“大众创业、万众创新”固然能够为新常态下的经济发展注入新的活力和动能，但中国各地区之间的发展条件存在很大差异，东部沿海大部分省份已经进入工业化后期，北京、上海等地已经进入后工业化时期，而广大中西部地区尚处在工业化中期，甚至由于生态方面的紧约束而处在更落后的发展阶段，这样，“双创”是否存在各地区共同推进的现实基础？短期内，在东部与中西部之间打造东部个别地区汇集研发创新资源以研发创新活动和高端制造为主，其余东部地区和中部、西部地区以承接产业转移为主的区域产业协同发展是不是更好的选择？本书对制造业研发创新活动空间集聚度及影响因素的研究可以为这些问题提供些微洞见。

第三，经济新常态背景下，供给侧结构性改革的核心命题之一就是制造业转型升级：由高投入、低产出、低效率向低投入、高产出、高效率转型；有发展与污染零和博弈向发展与环境治理协同并进转型；由价值链低附加值加工组装环节向高附加值研发与核心零部件制造转型。《纲要》中明确提出，“推进供给侧结构性改革，培育壮大新兴产业，改造提升传统产业，加快构建创新能力强、品质服务优、协作紧密和环境友好的现代产业新体系”。“深入实施《中国制造2025》，以提高制造业创新能力和基础能力为重点，推进信息技术与制造业技术深度融合，促进制造业朝高端、智能、绿色、服务方向发展，培育制造业竞争优势。”可以看出，要顺利实现供给侧改革，不仅在于持续的创新，更重要的是提升制造业研发创新活动的投入—产出效率。本书的研究从空间的视角回答了“制造业研发创新活动空间集聚是否有助于研发创新活动效率?”这一问题，这再次为研发效率提升提供了一条有效路径。

第二节　研究对象、内容与方法

本节首先对本书的研究对象和相关名词、概念进行清晰的界定，以防止与已有相关文献出现概念上的混同与误解；其次，以流程图的形式对本书所研究的问题以及逻辑线索进行梗概式描述，以方便直观地了解文章脉络；最后，归纳总结了在研究过程中所使用到的相关方法。

一、研究对象界定

第一个重要的概念和名词是“生产性服务业”。Machlup（1962）首先对

"Producer Services"，即生产性服务业进行了最初的梗概式的定义。他认为，生产性服务业就是知识产出的产业。随后，众多国内外学者均以此为基础进行了更细致的定义（Greenfield，1966；Browning and Singelman，1975；钟韵和闫小培，2005；顾乃华等，2006；程大中，2008）。尽管不同学者的定义存在细微差别，但从这些定义中可以看出，生产性服务业一般具有以下两个方面特点：一是所生产的产品具有无形性，通常是知识或某种服务。这有别于制造业产品的实体性和有形性。二是生产性服务业产品的需求者往往不是最终消费者，而是作为中间品供给给制造业企业。根据这些定义，学者指出了生产性服务业在现实经济中所对应的行业名称。例如，Greenfield（1966）认为，交通、运输、通信、金融、保险、会计、审计、商务服务、房地产、批发、传媒、法律、工程和建筑、专业服务以及政府支持等都在生产性服务业应包含的范围之中。这个定义在国外众学者的定义中最为宽泛，不同学者在此基础上有小幅度的增减。在国内，根据国民经济行业划分标准（GB/T 4754—2002）、《中国第三产业统计年鉴》和《中国城市统计年鉴》的统计口径，学者采用最多的定义是生产性服务业包含五个细分行业，即交通运输、仓储和邮政业；信息传输、计算机服务和软件业；金融业；租赁和商务服务业；科学研究、技术服务和地质勘探业（陈建国和陈国亮，2009；顾乃华，2011；宣烨，2012；盛龙和陆根尧，2013）。一方面基于这一定义的合理性，另一方面为了实现与已有文献研究结果的对比分析，本书同样采用这一定义。

第二个重要的概念是"集聚"。国内外众多相关研究文献中派生出许多与之非常近似的词语，例如集中、集群、簇群、团、束、串等。尽管名称不同，但不同学者在使用这些词语时的根本分歧并不在于名称，而是强调集聚体中的各个组成部分是否存在"紧密的互动关系"。刘义圣和林其屏（2004）和王缉慈（2005，2007，2010）等部分国内学者就认为，同行业企业地理临近并不能构成集群，相互交流、组织临近和关系临近也是构成集群的必要条件。但 20 世纪 90 年代新兴的经济地理学者（梁琦，2004，2010；库姆斯等，2010）并不在集聚的定义上刻意寻求不同，集聚指的仅仅是各种经济活动在空间上的相互邻近。相互交流、共享、知识溢出、关系临近等现象反而是经济活动空间集聚的结果之一。本书采用新经济地理学的定义。

第三个概念是制造业研发创新活动。本书将“通常意义上的制造业活动”区分为“制造业创新活动”和“制造业非创新活动”（后者又可以称为制造业成熟品生产活动）。“制造业创新活动”集中表现为研发人员和研发经费的投入、专利等中间产品的产出以及新产品产出，因此，使用研发人员的空间分布、研发经费的空间分布、专利的空间分布以及新产品产值的空间集聚代表制造业创新活动的空间集聚。

二、研究路径与内容

本书首先从生产性服务业空间集聚这一现象出发，在借鉴古典产业区理论、新古典经济学理论以及新经济地理学相关理论的基础上对生产性服务业空间集聚的机制机理进行了深入探讨，继而提出理论假说并进行实证检验；其次，本书讨论到生产性服务业空间集聚对知识密集度特征更加明显的制造业创新活动空间区位选择的影响；最后，实证检验了制造业创新活动空间集聚是否有助于提升制造业的研发创新效率。为了完成上述目标，本书设计了相应的技术路线。如图 1－1 所示。

遵循以上研究思路，本书的章节安排具体如下。

第一章为绪论，主要内容是提出问题、设计研究思路，并指出本书的创新之处。通过对生产性服务空间分布的观察，我们注意到：其一，与制造业一样，生产性服务业同样具有空间集聚的特征，并且其集聚特征比制造业更加明显。但梳理空间经济理论的相关文献后发现，理论界对集聚的关注重点尚在制造业方面，对生产性服务业的集聚动因尚无提出明确的解释框架。其二，通过对制造业研发创新活动空间分布的观察，发现制造业创新活动同样具有明显的空间集聚趋势，并且其集聚度逐年上升，这与生产性服务业空间集聚度逐年上升的现象近似。基于此，我们提出第二个问题，生产性服务业空间集聚和制造业创新活动之间是否

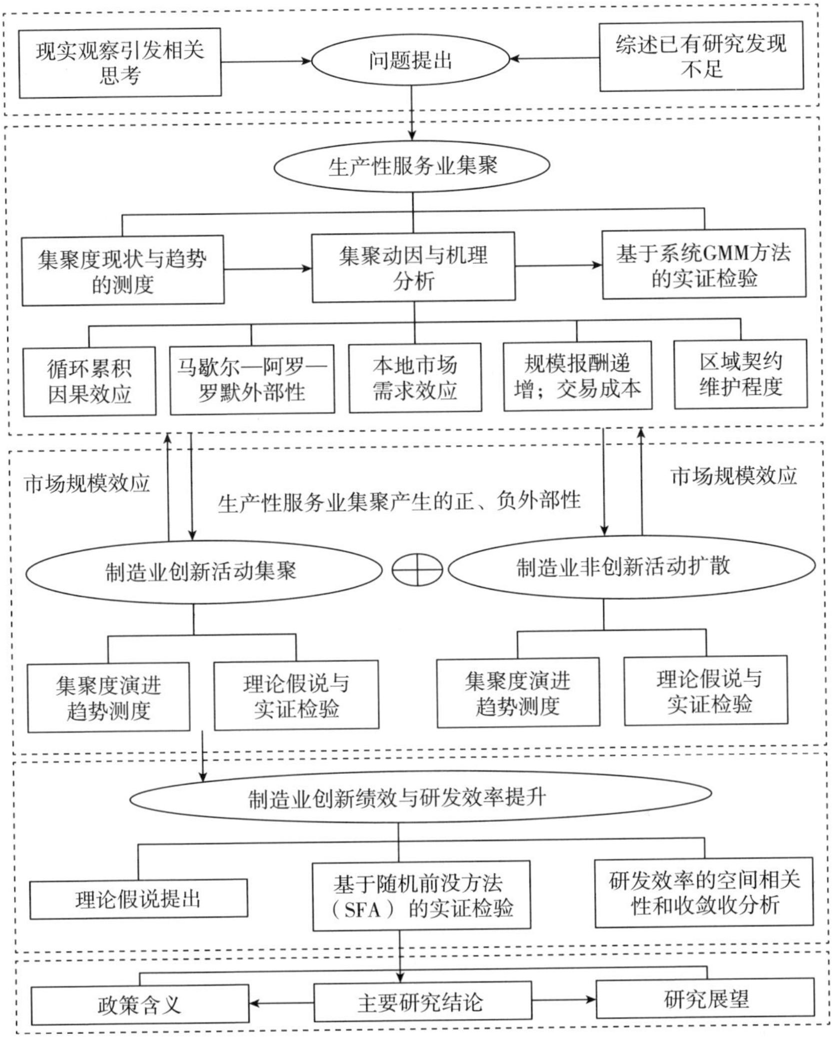

图 1－1 本书技术路线

资料来源：笔者绘制。

存在某种单向影响或双向影响？其三，基于中国制造业研发效率依然很低的事实，我们进一步联想到制造业研发创新活动的空间集聚是否能够产生集聚外部性和本地知识溢出，从而促进集聚地制造业研发创新效率的提升？梳理现有文献，发现对第二个问题和第三个问题的研究依然比较缺乏，并且指出本书的难点和边际贡献。

第二章为理论回顾与文献综述，主要内容在于梳理与产业空间区位选择相关的理论，包括产业区理论、新古典微观区位论以及新经济地理学理论等。同时，就生产性服务业空间集聚测度与影响因素分析、创新活动空间区位选择及制造业研发效率方面的国内外文献进行梳理和综述，在此基础上指出已有文献的不足与可改进之处。

第三章对生产性服务业集聚、制造业创新集聚活动以及制造业研发效率之间的影响关系进行说明。首先，综合新古典经济学、新经济地理学和制度经济学的研究成果，对生产性服务业集聚动因的机理进行探析。其次，在第二章文献梳理的基础上提出生产性服务业空间集聚与制造业创新活动集聚之间的相互影响机理。最后，对制造业创新活动集聚在制造业研发效率提升中的作用进行了分析。

第四章主要包含三部分内容：首先，对中国生产性服务业空间集聚度和制造业创新活动的空间集聚度进行了统计测算和特征描述；其次，对生产性服务业的集聚动因进行了实证检验；最后，对第三章所提出的生产性服务业空间集聚与制造业创新活动空间集聚的相互影响关系进行了实证检验。

第五章为制造业创新活动集聚对制造业研发绩效影响的实证研究。经过优劣势比较，我们发现随机前沿方法更加适合本书的研究，因此，我们选择随机前沿方法对研发生产函数形式、随机误差项的分布特征等问题进行探讨；在此基础上考虑研发效率的影响因素问题，以制造业研发的空间集聚度为核心解释变量，再加入适当的控制变量，利用技术效率模型，观察制造业研发的空间集聚是否有助于研发效率提升。

第六章为研发效率的空间相关性与收敛性分析。各省的研发效率是相互独立的吗？本地区研发效率是否不仅受到本地区软硬件环境的影响，同时还受到相邻周边地区研发环境的影响？这对于制造业研发活动的区域协同问题提供了一些初步的洞察。另外，各地区研发效率是否存在空间收敛特征也是本章的另一个重点。

第七章为结论、政策含义与研究展望。在对以上各章的主要研究结论进行归纳总结的基础上，提出有助于区域产业协同与制造业研发效率提升的主要对策建议。最后是对未来研究的展望。

三、研究方法

本书在研究过程中运用了基于面板数据的随机前沿方法（SFA）、系统广义矩估计两步法（系统 GMM 两步法）、估计联立方程组模型的 3SLS 估计方法、空间计量中的空间自相关分析方法等，主要通过 Stata12.0、Frontier 4.1、ArcGis10.2 等软件完成。同时，本书在研究方法上坚持了以下原则：

（1）实证分析和规范分析相结合。实证分析方法强调的是研究对象或研究现象“是什么”及“为什么”，而规范分析方法强调的是“应不应该如此”，是基于一定社会价值观的评价。本书重点采用的是实证分析方法。在生产新服务业、制造业创新活动的空间集聚度测度、两者在空间布局上的相互关系与影响以及制造业创新活动是否对制造业研发效率产生正向影响、空间相关性以及收敛性等核心问题上，均采用实证分析方法。

（2）动态分析与静态分析相结合。生产性服务业集聚、制造业研发创新活动集聚以及产业研发创新效率均是长期演化的结果，因此，有必要采用动态的视角进行比较研究。在同一时间点上，不同地区在生产性服务业发展水平、制造业创新活动集聚量以及研发创新活动的效率等方面存在巨大“静态”差异。为了全面刻画和研究主要研究对象之间的关系，本书采用动态视角和静态视角相结合的方法。

（3）宏观分析与微观分析相结合。考虑到微观数据存在的缺陷以及部分微观指标数据的可得性问题，本书对生产性服务业集聚、创新活动空间分布以及不同区域制造业的研发效率问题，我们均采用省级尺度的数据，这使我们的研究空间尺度较大，带有一定的宏观基调。然而，无论是生产性服务业的空间集聚，还是创新活动的空间分布，都离不开对微观企业生产特点和成本结构的分析。也正是这些活动所具有的不同成本结构决定了在空间区位选择是更强调哪些外在因素的影响。因此，本书综合运用了宏观分析和微观分析方法。

第三节　研究的创新点与局限性

本节归纳总结了文章在生产性服务业集聚动因考察、生产性服务业集聚与制造业创新活动集聚互动关系以及集聚的效率含义三个方面的创新之处；同时，也提出了数据和技术的原因所带来的研究局限性。

一、研究的创新点

其一，实证考察了马歇尔集聚外部性本地知识溢出以及制度方面地区契约维护程度对生产性服务业空间集聚的影响。与制造业不同，生产性服务业的特征之一是知识和技术密集型，而知识和技术又具有一定的空间溢出现象。因此，本地知识溢出效应应该是生产性服务业集聚的一个重要原因。另外，服务业的产品具有差异化和个性化的特点，缺乏统一的评价标准。这种个性化产品的交易很容易造成交易双方的相互锁定。在外部法律环境难以保证契约得到有效实施的情况下，服务交易的双方锁定威胁及其伴随的机会主义行为，实际上会抑制交易的发生和服务业发展。

其二，详细测算了中国制造业创新活动的空间集聚度及演进趋势；并利用联立方程组模型和3SLS估计法对这种相互影响关系进行了实证检验。已有文献主要使用区域的专利申请或授权数为区域创新的代理变量，但区域的专利申请既可能来自第一产业，也可能来自第二、第三产业，因此，一个区域的专利数据并不是该区域制造业创新活动的准确代理变量。同时，目前尚未有文献单独对制造业的创新活动空间布局进行研究。为了准确衡量制造业创新活动的空间集聚，我们借鉴国外相关研究的做法，从研发投入指标、研发中间产出指标、研发产值指标等多个维度对制造业创新活动空间集聚度进行综合测度，这样会提高对制造业创新活动空间分布粗度的准确性。另外，基于已有相关文献，提出生产性服务业集聚与制造业创新活动集聚相互影响的机制机理。生产性服务业和制造业创新活动均属于知识密集型生产活动，那么两种经济活动的区位选择必然存在一定的相互影响关系，生产性服务业集聚会吸引制造业创新活动在其周围集聚，同时制造业创新活动集聚也会内生出生产性服务业，从而吸引生产性服务业在其周围集聚。两者的空间区位选择应是相互影响的。

其三，从集聚的视角检验了制造业创新活动集聚对集聚地企业研发效率的影响。根据新经济地理学的“空间非中性”结论，制造业创新活动的空间集聚将会通过马歇尔集聚外部性、交易成本的节约以及共享高水平研发基础设施等机制降低集聚地企业的研发生产，从而提升研发投入产出效率。本书在构建研发生产函数的基础上，运用随机前沿方法中的技术效率模型实证检验了制造业创新活动集聚对制造业研发效率的影响。这从空间经济学的视角为制造业研发效率的提升提供了一条可行的路径。

二、研究的局限性

其一，数据可得性问题制约了部分指标的选择和构建。针对马歇尔集聚外部性中的本地知识溢出程度，应该如何衡量？正如克鲁格曼（2000）所言，知识溢出存在于无形之中，并无相关统计指标能够合理反映集聚地企业之间的知识溢出多少。知识溢出似乎是无迹可寻的。例如，制造业研发活动在空间上的地理临近和高度集聚，会促进不同研发机构研发人员的相互交流，促进缄默知识和相关信息的扩散和传播，但并无实际指标反映这种扩散和传播的数量多少和质量高低问题。同时，在构建联立方程组模型时，由于样本量较少，为了提高回归结果的准确性，我们仅仅考虑各内生变量的主要影响因素。

其二，计量方法的选择。生产性服务业空间集聚和制造业研发创新集聚之间存在互动关系，这决定了我们应该使用联立方程组模型；但无论是生产性服务业空间集聚，还是制造业研发创新活动，它们都受到自身过去既定区位的影响，这决定了我们应该使用动态面板模型；应该重点考虑两者的相互影响，还是重点考虑集聚的动态性？在选择计量模型时，我们需要对此做出一定选择和取舍。

其三，三个相关问题的机理分析依然相对独立，无法将生产性服务业集聚、制造业创新活动集聚以及研发效率三者统一在一个完整的理论框架中进行分析。

第二章　理论回顾与文献综述

在第一章提出研究问题的基础上，本章将对已有理论文献和实证文献进行整理、归纳和述评，以发现现有文献在相关问题上的研究进展以及存在的可改进之处。本章主要分为三节，第一节就与产业集聚或空间经济相关的基础理论进行回顾；第二节的重点在于梳理与各主要类型经济活动空间集聚度的演进趋势以及影响因素相关的文献，在此基础上进行简要评述；第三节将延伸到制造业创新绩效或研发效率的主题上，探讨研发效率的主流测度方法和影响因素，为实证研究创新活动空间集聚对研发效率的影响提供经验借鉴。

第一节　基本理论回顾

本节主要对与集聚经济相关的基础型理论进行回顾，主要包括 19 世纪末期的产业区理论及集聚外部性理论、20 世纪四五十年代的新古典微观区位论以及 20 世纪末期兴起的新经济地理学理论。这些基础理论提供了大量的理论假说，为之后的实证研究奠定了坚实基础。

一、产业区理论及集聚外部性理论

19 世纪末，英国著名经济学家阿尔弗雷德·马歇尔在继承亚当·斯密分工理论的基础上，进一步描述和研究了“集聚经济”，被认为是第一个阐述产业集群理论的经济学家。他的外部经济理论构成了产业集群理论的基础，其中提到了“内部经济”和“外部经济”的概念。他认为，“外部经济”具体包括三方面：专业劳动市场共享（Labor Pool）、专业中间品市场的发展（Specialization Input）和知识溢出（Spillover），三者共同促成了产业集群的形成。

将这种集聚外部性与区域经济增长联系起来，学者提出了“动态外部性”的概念。动态外部性的核心在于知识溢出效应，主要是指地理上相互邻近的主体之间通过各种正式或非正式的途径所完成的对编码化知识或缄默知识的交流和扩散，最终相互交流的主体的效率得到一定程度提升。根据知识外溢是否来自同一行业，动态外部性分为马歇尔—阿罗—罗默外部性和雅各布斯外部性。

马歇尔—阿罗—罗默外部性（MAR 外部性）又称专业化外部性或专业化经济，是指由于相同产业的企业在空间上的相互邻近所带来的知识溢出。在集聚区内部，同一产业的不同企业通过专业技术人员交流等方式实现生产信息、创新知识的溢出扩散。通常，企业之间的技术差距越小，知识溢出障碍就越少，知识溢出也越顺畅，从而有利于产生区域规模经济。已有实证研究表明，在企业生产技术相似以及其他条件既定的情况下，企业集聚度高的地区相对于企业集聚度低的地区具有更高的收入增长率（徐妍，2013）。雅各布斯外部性（Jacobs 外部性）又称地方化经济或多样化经济，是指不同行业不同种类生产活动的空间集聚对集聚体内各主体发展所带来的正外部性。

二、新古典微观区位论

新古典微观区位论的代表人物是德国经济地理学家阿尔弗雷德·韦伯和美国区域经济学家艾萨德·胡佛等。韦伯在其著作中论述了引起工业生产活动空间集聚的原因，而胡佛则论述了空间集聚体的最佳规模问题。

德国著名经济地理学家阿尔弗雷德·韦伯（A. Weber）是“工业区位理论”的创立者。其著作《工业区位论》（1909）从微观企业的区位选择角度阐明了企业是否集聚，这也是工业区位论的创新之处。韦伯从技术设备专业化程度、劳动力组织、市场化因素和经常性开支成本等方面探讨促使众多企业在一个地区集聚的原因。具体说来，随着技术设备专业化水平不断上升，技术设备相互之间的依赖性增强，促使企业区域集中；充分发展的、新颖的、综合的劳动力组织也类似于“设备”，由于其十分“专业化”，因而促进了产业集群化；产业集群可以最大限度地提高批量购买和出售的规模，得到成本更为低廉的信用，甚至“消灭中间人”；集群会降低公共基础设施的开支。但是韦伯对集聚的研究脱离了制度、社会、文化和历史因素，单纯从要素的角度加以考虑。

美国著名区域经济学家埃德加·M. 胡佛在20世纪40年代论证了产业集聚存在着一个最佳的规模。他认为，规模经济有三个不同的层次，就任何一种产业来说，包括单个区位单位（工厂、商店等）的规模决定的经济；单个公司（联合企业体）的规模决定的经济；该产业在某个区位的集聚体的规模决定的经济。而这些经济各自得以达到最大值的规模，则可以分别看作区位单位最佳规模、公司最佳规模和集聚体最佳规模。

三、新经济地理学理论

20世纪90年代，新经济地理学理论以Dixit－Stiglitz垄断竞争分析框架（1977）为基础，利用规模报酬递增和冰山交易成本等核心变量，再次把被新古典经济学长期忽视的空间因素纳入一般均衡理论的分析框架中。Krugman（1991）以此为基础完成了新经济地理学的开山之作《规模报酬递增与经济地理》和核心—边缘模型。随后，鲍德温、藤田昌久、维纳布尔斯、马丁、奥塔维诺、蒂斯和罗伯特—尼克德等欧美学者根据欧洲和美国的发展背景，对核心—边缘模型的假设逐步进行放松和改动，形成众多对现实更有解释力的理论模型。

新经济地理学认为，产业的空间集聚主要来自规模报酬递增程度的提高、冰山交易成本的降低，以及国民收入中用于制造品购买的份额。规模报酬递增和垄断竞争市场结构的引入是新经济地理学不同于新古典经济学规模报酬不变和完全竞争假设的最大特点。马歇尔外部性所强调的专业劳动市场共享和专业化中间品贸易之所以最终带来集聚，根本原因恰恰在于生产活动中固定成本的存在或规模报酬递增的作用。“正是规模报酬和不确定性的相互作用，使马歇尔地方化的劳动共享论言之有理。……它描述了集中生产的优势，而没有描述可能导致这种集中的过程”（Krugman，2000）。

区际之间冰山交易成本或贸易自由度的改变影响着集聚力和分散力。集聚力来自本地市场效应和价格指数效应。所谓本地市场效应，又称市场接近效应，是指垄断竞争市场上的企业通常会选择市场规模较大的区位进行生产，并向规模较小的市场出售其产品。而价格指数效应，又称生活成本效应，是指企业集聚地的居民所面临的产品种类更多，需要从外地运入的产品种类较少，因而集聚地的消费者面临更少的运输成本，而边缘地的消费者因为需要大量来自集聚地的产品，因而付出了更多的运输成本，从而导致核心地拥有更低的价格指数，生活成本也相对边缘地更低。分散力来自市场拥挤效应，或称市场竞争效应，是指不完全竞争市场上的企业趋向于选择竞争者较少的区位。当冰山运输成本较高时，由本地市场效应和价格指数效应组成的集聚力小于由市场拥挤效应组成的分散力，这样，企业均匀分布是稳定的均衡状态。但随着冰山运输成本的降低，集聚力和分散力同时下降，但分散力的下降速度快于集聚力的下降速度，当冰山运输成本低于临界值时，分散力开始小于集聚力，企业集聚分布成为稳定的均衡状态，均匀分布不是稳定均衡。假设初始状态时，东部和西部的产业份额各为1/2。当贸易自由度较低时，分散力大于集聚力，经济活动均匀分布于东西部。随着贸易自由度的增大，集聚力和分散力同时降低，但分散力降低得更快。当贸易自由度达到突破点时，集聚力大于分散力，若偶然性因素导致东部经济活动份额增加，那么东部的经济份额将持续增加，直到西部的经济活动全部迁往东部。

第二节　经济活动空间集聚及成因的研究

人类的生产活动并不均匀地分布在地球表面，集聚是人类生产和生活在空间上的显著特征。这其中，除了受到地形、地貌和气候等因素的限制，是否还有某种经济力量，在迫使生产活动在空间上集聚，抑或空间上的集聚对生产带来了某种节约或更高的收益？本节首先将经济活动划分成制造业活动、创新活动和生产性服务业活动等目前对国民经济发展和未来产业转型升级至关重要的几类，在此基础上回顾和综述已有文献对这些问题的研究进展，最后做出相应的述评。

一、制造业的空间集聚与成因

对空间集聚的研究，学者首先关注到的是制造业的空间集聚。因为农业生产活动对地形和气候的依赖程度更高，广阔的平原地形和适宜的气候是农业发展的必要条件，也因此支配着农业生产活动的空间分布与集聚。

1. 集聚的测度——行业层面的测度与地区层面的测度

集聚度的测度一般从行业和地区两个层面测度。根据实证文献的需要，通常采用不同的测度方法。本节首先介绍行业层面的测度，其次介绍地区层面的测度。

在一国或一地区制造业空间集聚的度量方面，主流文献中的行业层面的测度指标包括 CR_n 指数、空间 HHI 指数、绝对空间基尼系数（文玫，2004）、相对空间基尼系数（Krugman，2000）、熵指数（Aiginger and Davies，2004；吴意云和朱希伟，2015）和 EG 指数（Ellison and Glaeser，1997；路江涌和陶志刚，2006）。

CR_n 指数和空间 HHI 指数主要借鉴产业组织理论中衡量市场结构的方法。以 CR_4 为例，是指一国制造业产值最大的四个地区的产值在全国总产值中的占比，取值在［0，1］。CR_4 越大，表示一国制造业的空间集聚度越高。空间 HHI 指数是指各地区产值占比的平方和，取值同样在［0，1］，具体表达式为式（2－1）：

$$HHI = \sum_{r=1}^{n}\left(\frac{x_r}{x}\right)^2 \quad (2-1)$$

其中，x_r 表示 r 地区的制造业产值，x 表示全国 n 个地区的总产值。

绝对空间基尼系数的表达式为式（2－2）：

$$Gini(i) = \frac{1}{2n^2\overline{s(i)}}\sum_{k=1}^{n}\sum_{j=1}^{n}|s_{ij} - s_{ik}| \quad (2-2)$$

其中，n 表示地区个数，s（i）表示各地区在 i 产业上的平均份额；s_{ij}表示 j 地区 i 产业在全国 i 产业中的份额，s_{ik}表示 k 地区 i 产业在全国 i 产业中的份额。其原理是首先得到洛伦兹曲线，继而计算洛伦兹曲线与 45 度线之间的面积的两倍，其取值范围为［0，1］，产业集聚度越接近 1，产业越集中；相反，越接近于 0，产业空间平均或均匀分布的特征更加明显。

相对空间基尼系数（CGini）其表达式为式（2－3）：

$$CGini(i) = \sum_{r=1}^{n}(x_r - s_r)^2 \quad (2-3)$$

其中，CGini（i）表示产业 i 的相对空间基尼系数；Xr 表示区域 r 制造业总产值在中国制造业中的占比；Sr 表示区域 r 的 i 行业在全国 i 行业中的占比。其取值范围为［0，1］，产业集聚度越接近 1，产业越集中；产业集聚度等于 0，表示产业在各空间均匀分布。

熵指数的具体表达式为式（2－4）：

$$Conc(i) = -\sum_{r=1}^{n}\left[\frac{x_{ir}}{x_i}\ln\left(\frac{x_{ir}}{x_i}\right)\right] \quad (2-4)$$

其中，x_{ir}表示 r 地区 i 产业的就业人数，x_i 表示全国 i 产业的就业人数，n 表示地区数量，其取值范围为［0，ln（n）］。由于熵指数是反向指数，即产业熵值越接近 0，产业越集中；熵值越接近 ln（n），产业空间均匀分布的特征越明显。

E－G 指数的表达式为式（2－5）：

$$EG=\frac{G_i-(1-\sum_{r=1}^{n}x_r^2)HHI_i}{(1-\sum_{r=1}^{n}x_r^2)(1-HHI_i)} \qquad (2-5)$$

其中，G_i 指的是式（2－3）的相对空间基尼系数，即 Krugman 指数；HHI_i 指的并不是空间 HHI 指数，而是产业组织理论上的行业 i 的市场结构；其余各指标的含义同式（2－1）。由于 HHI 数据往往难以获得，因此，E－G 指数在现实中的应用较为少见。

以上为衡量行业层面空间集聚的方法。但是在实证文献中，有时行业数量太少，使用行业—年份面板数据往往导致样本量过少，同时还要考虑时间序列问题，这增加了实证研究的难度。因此，学者通常也采用地区层面的集聚度测度方法，包括企业数或职工数、企业或职工空间密度、区位商指数（又称 HOOVER 地方化系数）等（Rosenthal and Strange，2004；范建勇等，2014）。

2. 制造业空间集聚的现象与成因

文玫（2004）利用省级两位数制造业数据和绝对空间基尼系数测度了 1980 年、1985 年和 1995 年的行业集聚度，研究发现，在 1980 年改革开放到 1995 年，中国制造业的空间集聚度上升了。进一步的实证研究表明，交易和运输费用的下降可以对这一现象做出解释。这在一定程度上支持了新经济地理学的研究结论。白重恩等（2004）研究了地方保护主义行为对制造业空间集聚的影响，实证研究表明，地方保护主义的存在严重制约了制造业的空间集聚。罗勇和曹丽莉（2005）利用省级两位数制造业数据和 EG 指数计算了 1993 年、1997 年、2002 年和 2003 年的产业集聚度，研发发现，1997 年以后制造业集聚度的提高是主要的变动方向和发展趋势；不同行业集聚度由高到低的排序是技术和知识密集型制造业、资本密集型制造业、劳动密集型制造业。中国制造业的空间分布极不平衡，江苏、广东、山东、浙江和上海五省市集中度较高，中西部地区集中度普遍偏低。路江涌和陶志刚（2006）利用中国工业企业微观数据库，计算了 1997～

2003 年省级、地级和县级层面两位数、三位数和四位数制造业的 EG 指数，其研究结果进一步证实了罗勇和曹丽莉（2005）的发现。金煜等（2006）对中国制造业 1987 ~2001 年集聚度的持续上升提供了解释，经济开放等制度因素也是促进工业向东南沿海地区集聚的原因之一。另外，潜在市场规模、城市化水平、基础设施完善程度以及政府作用的弱化都促进了中国制造业的集聚。黄玖立和李坤望（2006）、张宇和蒋殿春（2008）则考察了对外贸易和 FDI 对中国制造业布局的影响，实证研究表明，对外贸易中的地理优势和 FDI 显著影响了中国的产业布局。吴建峰和符育明（2012）则重点实证研究了马歇尔外部性和产业集聚之间相互促进的关系。贺灿飞等（2007）、王业强和魏后凯（2007）、路江涌和陶志刚（2007）、何雄浪等（2007），以及贺灿飞等（2010）对制造业空间集聚的测度和成因研究均支持了以上研究结论。

以上实证研究的研究时限主要集中在 2004 年以前，即 2004 年以前制造业的集聚度变动趋势与成因，主要的研究结论包括：①中国制造业各细分行业的集聚度主要呈上升趋势；②市场规模、交通通信基础设施、规模报酬递增因素、城市化水平、改革开放力度、地方保护主义程度以及外商投资是影响中国制造业空间布局的主要因素。

同样存在大量实证文献证实，中国制造业在 2004 年之后空间集聚度开始下降，即出现了空间分散化趋势。支持这一论点的文献主要包括王非暗等（2010）对 2004 ~2007 年制造业集聚度的研究；吴三忙和李善同（2010）对 1980 ~2008 年中国制造业空间集聚的研究；毛琦梁和王菲（2014）对 1980 ~2010 年制造业空间格局的研究等。中国制造业在 2004 年之后开始向中西部地区空间扩散，中西部地区的制造业比重逐步上升。是什么因素导致了中国的制造业，尤其是劳动密集型制造业空间扩散呢？对这一问题进行详细研究的实证文献并不多见。曲玥等（2013）首先对这一问题进行了系统回答，“飞雁模式”之所以在中国发生，是因为东部地区企业的综合经营成本上升和要素成本上升导致的。“刘易斯拐点”的到来提高了东部地区的劳动力成本，导致劳动密集型产业向中西部地区扩散。毛琦梁和王菲（2014）的研究并不认同这一观点。他们认为，向中部扩散的制造业不仅包括劳动密集型制造业，同时还包括资本密集型和技术密集型制造业。要素成本上升并不是驱动产业向中部地区扩散的明显原因，集聚外部性的变化才是主要原因。所谓集聚外部性的变化，具体指同行业企业之间激烈的竞争以及空间拥挤效应。吴意云和朱希伟（2015）则从产业政策的角度理解中国制造业为何过早进入分散阶段，研究认为，中国制造业空间分散的直接原因是地方政府相似的产业政策，而地方政府相似的产业政策这一现象出现的深层次原因则是在中国，中央政府的产业政策是地方政府制定辖区产业政策的主要蓝本。“中央舞剑，地方跟风”已经成为一种普遍的发展模式。由于中央的产业政策往往更偏向发达地区的经济发展条件，这就迫使欠发达地区的地方政府违背自身比较优势，被动“复制”中央政策和发达省份经验，最终造成产业向中西部欠发达地区扩散的现象。

二、创新活动的空间集聚与成因

近年来，部分国内外学者已经开始对创新活动的空间分布特征和规律展开探讨。根据经合组织（OECD）的定义，创新是指对一种新产品、新服务、新生产工艺与过程、新的市场营销方法、新的组织形式甚至工作环境或外部关系的培育、构建与应用。熊彼特（1939）认为，创新不同于发明，它们可能由一个人完成，但这一点并不会影响到两者的区别，发明家的发明成果需要由商人转化成创新。

如何衡量创新？国内外主流文献主要通过三种方式：其一，从研发创新投入的角度，例如研发经费支出、风险资本量、研发人员等（Gompers and Lerner，2001）。其二，从中间产出的角度衡量，例如专利申请和被引次数（罗发友，2004；张玉明和李凯，2007）。其三，通过公开出版物寻找企业所宣传的新产品广告数据（Audretsch and Feldman，1996；Feldman and Audretsch，1999）。

Audretsch 和 Feldman（1999）以美国公开出版的期刊和杂志上的新产品商业

广告为创新活动的代理变量，研究发现，创新活动在空间上的集聚度比一般意义上生产活动的集聚度更高。Carrincazeaux 等（2001）以企业研发人员为创新活动的代理变量，发现法国研发人员最多的 6 个地区的研发人员在全国的比重高达 75%，但这 6 个地区的生产性工人的占比仅为 45%。Buzard 和 Carlino（2013）以有研发活动的企业为创新活动的代理变量，再次证实创新活动在空间上更加集聚的结论，同时发现美国东北工业走廊、五大湖区域、加利福尼亚湾以及南加州地区是美国创新活动的密集区。另外，他们还发现随着时间的发展，创新集群在空间上是会移动的，萨克森宁（1999）对美国 128 公路地区和硅谷高技术产业园的比较研究恰恰证实了这一点。

对中国创新的空间分布研究方面，罗发友（2004）以专利授权量为创新的代理变量，基于省级尺度利用空间 HHI 指数计算了 1994 ~ 2003 年创新的空间集聚度，研究发现，创新的空间集聚度是持续上升的，中国创新产出的 2/3 集中在 1/5 的省份（包括北京、上海、江苏、浙江、山东和广东）；对创新活动空间分布成因的研究发现政府研发投入和区域 FDI 规模是主要影响因素，地区人均 GDP 对创新产出没有显著影响。张玉明和李凯（2007）同样利用省级专利数据对 1996 ~ 2005 年中国创新的空间分布进行了集聚度研究，研究有以下几方面发现：其一，中国创新的空间分布是高度集中的，主要集中在东南沿海省份。其二，以绝对空间基尼系数衡量，中国创新的空间集聚度在 10 年间持续上升。其三，利用全局和局部 Moran's I 指数对各省研发效率进行空间相关性分析，全局莫兰指数显著为正，这说明省级创新强度具有空间相关性，空间独立的假设不成立。邬滋（2010）、张丽华和林善浪（2010）对中国区域创新空间分布的研究再次证实了以上结论。蒋天颖（2013）研究认为，区域人力资本水平是当前推动我国区域创新水平的重要因素。钱晓烨等（2014）探讨了心理资本对区域创新活动的影响。研发发现，心理资本对区域创新活动存在显著影响。心理资本促进人力资本的积累，从而促进了区域创新；同时，心理资本激发了人力资本在创新中作用的发挥，从而促进区域创新。

三、生产性服务业空间集聚及成因的研究

随着主要发达国家进入后工业化时代，服务业，尤其是生产性服务业逐渐成为国民经济发展的重要组成部分，在整个经济结构中的比重不断上升，占有重要地位（程大中，2003；格鲁伯和沃克，2003；蒋三庚，2007）。因此，对生产性服务业的研究逐年增加。其中包括对生产性服务业空间布局和集聚的研究。主要研究内容包括生产性服务业空间集聚的描述性特征和影响因素分析。

生产性服务业存在空间集聚吗？生产性服务业的空间集聚度是否大于制造业的空间集聚度？答案均是肯定的。伦敦的金融业集群（王朝阳和何德旭，2008；雷强等，2011）、加利福尼亚的多媒体集群（Scott，1988）、上海陆家嘴金融服务业集群和北京中关村中介服务业集群等都是非常著名的案例（陈建军和陈国亮等，2009）。为了进一步严谨地回答以上问题，学者借鉴衡量制造业空间集聚的相关指标进行了相关测算。程大中和黄雯（2005）利用 LQ 指数、RCA 指数和 K－spec 指数描述了 1990～2002 年中国服务业及细分行业的区位分布特征。研究发现：各服务业细分行业的区位分布表现不尽相同，绝大多数服务业细分行业均集中在东部地区，只有农林牧渔服务业、地质勘探与水利管理业两个细分行业主要集聚在西部地区。主要原因在于，一方面服务业产品的无形性，另一方面各服务业部门的地区专业化与分工倾向的差异性。因此，对某些服务业细分行业，例如生活性服务业和教育、科技基础服务业，不能像对待制造业那样，过分强调服务业的地区间分工；而对像金融业等经济功能较强的服务业则应该适度强调专业化分工。李文秀和谭力文（2008）构建了服务业集聚的二维评价模型（行业区域集聚与行业内企业集聚两个维度），并以此对美国服务业及 12 个细分行业的 1996 年、1998 年、2000 年和 2004 年的集聚度进行了研究并发现：其一，在行业区域集聚维度，证券业、保险业和铁路业是美国服务业中集聚度最高的三个行业，医疗卫生业是集聚度最低的行业。包括邮政业、批发零售业、公共事业等在内的生活性服务业是集聚度比较低的行业。其二，行业内企业集聚维度，本质上

是产业组织理论中的市场集中度或垄断程度，航空运输业、电信业、邮递包装和货运业、铁路业、文化娱乐产业等已经存在较高的垄断力量，医疗卫生和公用事业的垄断程度较低。胡霞（2008）对中国城市服务业空间集聚的研究发现，商业化程度高的细分行业集聚程度高，而公益性事业的集聚度较低；中国的服务业主要集中在东部和中部地区；对服务业集聚度影响因素的研究发现：市场规模的扩大和制度环境的改善有利于服务业向当地集聚度，而地区的要素禀赋和沿海地区虚拟变量的影响并不显著。李文秀和胡继明（2008）对比研究了中国和 OECD 国家服务业集聚度，发现中国服务业的集聚度虽然在逐年上升，但仍然低于 OECD 国家服务业的集聚水平，尤其是行业内企业的集聚度较低。陈建军等（2009）利用全国 222 个地级市的服务业数据，对生产性服务业的集聚成因进行了实证分析，知识密集度、信息技术水平、城市规模和政府规模对生产性服务业空间集聚度存在显著影响。另外，与制造业集聚相比，地理因素和循环累积效应对服务业集聚的影响程度更低。陈建军和陈菁菁（2011）以浙江省 69 个城市和地区为例，对制造业和生产性服务业的协同定位问题进行了研究，发现两者的协同定位关系在不同规模城市中存在差异。因此，大城市应该通过生产性服务业集聚来促进制造业转型升级，而中小城市的发展重点应该是推动制造业集群。盛龙和陆根尧（2013）对 2003～2010 年中国生产性服务业空间集聚的研究表明：制造业集聚、地区信息化水平、人力资本水平和地方保护主义对生产性服务业存在显著的影响。毕斗斗和方远平（2016）利用省域空间计量模型的研究在一定程度上再次证实了信息技术、经济发展水平、城市化、经济开放度的正向作用，但同时也发现，工业化、人力资本、市场化等因素不利于地区生产性服务业发展和空间集聚。

四、简评

通过综述已有文献的研究，我们发现：虽然在生产性服务业空间集聚成因、创新活动空间集聚的统计性描述和成因分析方面已经对部分理论解释进行了实证检验，但依然存在诸多不足。具体来说，包括以下三个方面。

第一，生产性服务业空间集聚的研究。①数据选择问题。已有研究（陈建军等，2009；盛龙和陆根尧，2013）在测算生产性服务业空间集聚度时，使用的是《中国城市统计年鉴》各地区生产性服务业的就业人数数据。与《中国第三产业统计年鉴》的相关数据对比发现，《中国城市统计年鉴》的生产性服务业就业数据仅包含城镇单位的数据，不包含私营和个体生产性服务业就业数据。但中国经济发展的事实是随着服务业开放度和市场准入的不断提高，私营和个体生产性服务业快速发展，截至2008年底，私营和个体生产性服务业的就业人数已经和城镇单位生产性服务业就业人数基本相等，到2013年底，私营和个体的就业人数达到2997.06万人，超过城镇单位的就业人数（2521.1万人）。如果考察整体服务业的情况，2005年时，私营和个体的就业就已经超过城镇单位的就业，截至2013年底，私营和个体的服务业就业人数达到15098.50万人，是城镇单位就业的1.76倍。因此，已有文献在衡量服务业集聚度时仅使用城镇单位就业，忽略各地区私营和个体服务业就业的做法必然给集聚度测算带来较大偏差。②在解释生产性服务业集聚时，已有实证文献并未关注到以下几方面，一是专业劳动市场发育和本地知识溢出效应的影响；二是制造业创新活动集聚对生产性服务业集聚的影响；三是生产性服务业的“契约密集型”特性对其区位选择的影响。这些问题的存在给现有生产性服务业集聚度的研究带来了一定程度的偏误。

第二，在创新活动空间集聚度测度方面，已有文献主要使用区域的专利申请或授权数为区域创新的代理变量。区域的专利申请既可能来自第一产业，也可能来自第二、第三产业。但目前尚未有文献单独对制造业的创新活动空间布局进行研究。同时，已有文献均采用专利数这一单一指标来衡量创新活动，是否可以借鉴国外做法，从研发投入指标、研发中间产出指标、研发产值指标等多个维度对制造业创新活动空间集聚度进行综合测度？

第三，在生产性服务业空间集聚与制造业创新活动空间集聚的相互影响方面。生产性服务业和制造业创新活动同属于技术和知识密集型产业，生产性服务业的空间集聚所带来的集聚效应是否可以吸引制造业创新活动在其周围集聚，即是否可以影响制造业创新活动的空间区位选择？已有文献依然缺乏对这些方面的关注。

第三节　制造业研发效率的研究

研发效率，又称创新绩效，是指企业或生产主体在研发活动或创新活动方面的投入—产出对比关系。既定研发产出下更少的研发投入或既定研发投入下更高的研发产出，都意味着更高的研发效率或创新绩效。依据一定的效率测度方法或计量方法，国内外已有大量文献测度并分析制造业的研发效率。

一、研发效率的测度方法与指标体系

早期关于创新绩效的研究文献主要来自国外学者。由于研究方法和研发相关数据的匮乏，对研发效率的测度基本上属于单投入—单产出。绝大多数研究表明，研发投入越多，研发产出越多（Pakes and Griliches，1980；Koeller，1995）。

但基于单投入—单产出的测度方法对研发效率的测度显然存在一定偏误，研发活动并非只有单投入，不同素质水平的人力资本、各类机器设备等都在研发投入之列，同时，使用专利数量衡量研发产出也存在众多弊端。不是每一个发明都会申请专利，每一个专利的经济价值也存在较大差异。因此，对研发产出的单指标衡量必然存在偏误。随着效率测度方法的进一步发展，出现了以非参数估计为特征的数据包络分析方法（Charnes et al.，1978；Banker et al.，1984）和以参数估计和考虑随机冲击为特征的随机前沿方法（Battese and Coelli，1995）。

根据效率测度方法和研发投入产出指标的选择，表 2－1 和表 2－2 分别从行业层面和地区层面概括了已有关于中国制造业及细分行业研发效率研究方面的主要文献。从表 2－1 和表 2－2 中可以看出，研发投入指标中使用频率最高的指标

应该是研发人员全时当量和研发资本，研发产出中使用最多的指标是新产品销售收入或产值。在测度方法的选择上，随机前沿方法（SFA）最为常用。

表 2 - 1　基于行业层面的主要研发效率研究文献

年份	作者	面板结构	测度方法	研发投入指标	研发产出指标
2005	闫冰和冯根福	37 个制造业行业，1998～2002 年	SFA	研发劳务费支出；前一期研发投入总额	新产品数量
2006	朱有为和徐康宁	13 个高技术产业，1995～2004 年	SFA	研发人员全时当量；研发资本	新产品销售收入
2006	吴延兵	20 个制造业行业，1994～2002 年	SFA	科技活动人员数；研发资本	新产品销售收入
2009	唐清泉等	33 个制造业行业，1999～2004 年	DEA - BCC	科研机构活动人员；技术开发经费内部支出	专利申请数；新产品产值；产值增长率
2010	陈修德等	17 个高技术产业，2000～2007 年	SFA	研发经费内部支出；研发人员全时当量	专利申请数或新产品销售收入
2013	肖文和林高榜	36 个制造业行业，1999～2009 年	SFA	科技活动人员数；研发资本	新产品产值或销售收入
2014	程时雄和柳剑平	19 个制造业行业，1993～2008 年	SFA	本国本行业研发资本；外国本行业研发资本；本国其他行业研发资本；外国其他行业研发资本；科技活动人员	新产品销售收入
2015	韩庆潇等	28 个制造业行业，2003～2013 年	DEA - Malmquist	科技活动人员；科技活动经费内部支出	专利申请数、新产品产值

资料来源：笔者整理。

表 2 - 2　基于省份层面的主要研发效率研究文献

年份	作者	面板结构	测度方法	研发投入指标	研发产出指标
2008	张海洋	28 省	DEA	研发活动人员数；研发资本	新产品销售收入
2009	白俊红等	30 省，1998～2007 年	SFA	研发人员全时当量；研发资本	发明专利授权量
2010	张海洋	30 省，1999～2007 年	DEA	劳动、资本、中间投入、研发资本、研发人员数	工业总产值

续表

年份	作者	面板结构	测度方法	研发投入指标	研发产出指标
2011	张海洋和史晋川	30省，1999~2007年	方向性距离函数	劳动、资本、中间投入、研发人员数	新产品总产值；老产品总产值
2011	余泳泽	29省，2003~2008年	SFA	研发人员数；研发资本	技术转让金额；新产品收入
2013	杨青峰	24省，1995~2009年	SFA	研发人员全时当量；研发资本	新产品销售收入
2013	史欣向和梁彤缨	31省，2005~2008年	SFA	研发人员数；研发资本	专利
				专利	新产品产值

资料来源：笔者整理。

二、研发效率的影响因素研究

已有对中国高技术产业研发效率研究的文献，其关注点主要集中在如下几个方面：其一，地区人力资本（白俊红和江可申，2009；余泳泽，2011；杨青峰，2013；阮敏，2016）。地区人力资本水平越高，高水平专业化劳动力池（labor pool）的规模越大。这一方面极大地降低了企业在研发组织过程中对创新型人才的搜寻成本，另一方面则强化了本地知识和信息的溢出程度，两方面同时降低企业的研发活动成本。其二，产业出口导向性或开放度（张海洋，2010；肖文和林高榜，2014；程世雄和柳剑平，2014）。更多地参与国际贸易，一方面通过规模经济提高了出口企业的创新收益和创新动力，另一方面则可以同发达国家企业学习到产品设计、工艺流程改进、组织机构变革等新的知识和技术，促进研发能力和研发水平的提高（杨青峰，2013）。其三，地区市场化程度或政府干预程度（陈修德和梁彤缨，2010；韩庆潇等，2015）。市场化程度越高，市场机制在企业研发资源配置中的作用就越强，要素价格和资源配置的扭曲程度越低。其四，产业所有权结构或国有产权所占比重（姚洋和章齐，2001；吴延兵，2006；张海洋，2008）。多数研究认为，不同所有制企业在管理激励、项目审核机制、项目融资方式和预算约束的松紧度等方面具有显著差异，这些差异又会进一步影响企业的研发效率。但也有文献证实，国有产权对高技术产业和制造业研发效率具有显著促进作用（朱有为和徐康宁，2006；程世雄和柳剑平，2014）。其五，地区交通通信基础设施水平。更加完善的交通和通信基础设施会加速创新信息和知识的扩散与共享，同时还可以促进创新要素流动，实现创新要素的高效空间配置。其六，企业规模。绝大多数实证文献认为企业规模和研发效率呈线性的正相关关系。可能的原因包括：①企业规模越大，研发的内部规模经济程度更大，平均成本更低，因此研发效率越高。②中国资本市场，尤其是风险资本和投资银行业务发展不充分，银行对中小企业的贷款较少，这在一定程度上制约了中小企业研发能力的提升（朱有为和徐康宁，2006；陈修德和梁彤缨，2010，张海洋和史晋川，2011），但也有少数研究认为企业规模和研发效率之间的关系是非线性倒"U"形的，在企业规模超过临界值以后，企业规模的继续扩大就会导致研发效率的下降（杨青峰，2013）。

另外，史欣向和梁彤缨（2013）研究了社会资本对研发效率的影响，发现信任、规范对研发中间产出效率和研发最终产出效率都具有显著正影响，但社会网络无论对研发中间产出和最终产出效率均无显著影响。陈修德和梁彤缨（2015）利用2004～2012年沪深A股上市公司数据，研究了高管薪酬激励对企业研发效率的影响，发现：高管货币薪酬有助于提高企业研发效率；但高管持股比例与企业研发效率之间的关系并不是线性的，而是呈显著倒"U"形关系，在临界值之前，高持股比例上升，企业研发效率升高，但高管持股比例超过临界值滞后，两者的关系表现为显著的负相关。阮敏（2016）还研究了环境规制对发明专利研发效率的影响，发现环境规制越强，产业发明专利的研发效率就越高。

三、简评

已有文献运用不同的研发投入—产出指标对不同的研究主体的研发效率进行了测度以及成因分析，但本书认为依然存在如下几方面可以改进之处。

一是研发投入到产出的滞后期选择问题。国外关于研发效率的研究认为，研发投入到产出往往需要一定的滞后期，在考虑数据可获得性的基础上，实证文献往往采用滞后一期到滞后三期不等，这样的做法更符合实际情况，同时不同滞后期之间的结果还可以进行对比分析，以观察回归结果的稳健性。反观国内文献，往往只采用滞后某一期的做法。不同学者的滞后期不同，研发投入产出指标的选择也不同，因此，常常得到完全相反的研究结论，致使不同文献的研究结论无法进行直接比较。为了得到可以比较的结论，本书在固定研究主体，固定研发投入产出指标的情况下，采用不同的滞后期进行，以对比在不同滞后期下研发生产函数形式的选择结果，同时对比不同滞后期下研发效率影响因素的显著性是否稳定，这进一步增强了研究结论的可信度。

二是研发效率影响因素的选择方面。1998 年以来，制造业研发创新活动的空间集聚度逐年提升，空间集聚现象日益凸显。创新活动的空间集聚是否显著影响了集聚地制造业的研发效率？根据制造业空间集聚的经验：集聚一方面可以产生马歇尔集聚外部性和雅各布斯外部性（又称专业化经济或多样化经济），另一方面可以产生市场拥挤效应和市场竞争效应。当集聚的正效应大于负效应时，集聚最终能够通过技术进步和技术效率的改进而提升制造业全要素生产率（刘叶和刘伯凡，2016）；但当集聚的负效应大于正效应时，集聚反而导致效率降低。那么，我们的问题是，目前制造业创新活动的空间集聚状态产生的正效应更大，还是负效应更大？本质上，目前制造业创新活动的集聚度还能够促进集聚地制造业研发效率提升吗？已有的文献尚未对此做出回答。

第三章　生产性服务业集聚、制造业创新集聚与研发效率的影响机理

本章分三节对生产性服务业集聚、制造业创新集聚以及制造业研发效率之间的影响关系进行说明。首先，综合新古典经济学、新经济地理学和制度经济学的研究成果，说明生产性服务业空间集聚的主要影响因素。其次，在第二章文献梳理的基础上提出生产性服务业空间集聚与制造业创新活动集聚之间的相互影响机理。最后，对制造业创新活动集聚在制造业研发效率提升中的作用进行了分析。

第一节　生产性服务业空间集聚的动因

目前理论界尚未对生产性服务业的空间集聚提出一个较为完整的分析框架。本节借鉴制造业空间集聚的相关理论，同时考虑到生产性服务业所具有的不同于制造业的特定约束，例如更加依赖契约保护制度等特点，提出生产性服务业空间集聚的机制机理和理论假说。

一、马歇尔集聚外部性与生产性服务业集聚

英国经济学家阿尔弗雷德·马歇尔（1920）在《经济学原理》中指出，制造业空间集聚和产业集群形成的三个基本原因，即专业劳动市场共享（Labor Pool）、专业中间品市场（Specialized Input）及知识和信息外溢（Spillover）。

1. 专业劳动市场共享与生产性服务业集聚

就专业劳动市场共享（Labor）而言，通过将某一产业一定数量的企业集中在一个地区，最终在其周围会形成一个由专业技术工人和相应企业主组成的劳动市场。这个劳动市场对企业主和专业技术工人都是有利的。对企业主而言，降低了对所需要的专业技术工人的搜寻成本；对专业技术工人而言，在相应的产业集聚地更容易寻求到合适的工作，既提高了供求匹配程度，同时也降低了自身的失业概率。

正如马歇尔的观点：一个地方化的产业提供了一个稳定的技术市场，因此获得了很大的优势。雇主常常把希望寄托在他们有很大机会找到具有他们所需要的特殊技能的工人的地方；而寻找就业机会的人很自然地去许多需要他们的技术的雇主，因而市场是相当不错的地方。一个孤立的工厂主，即使他可以很容易雇用到大量的一般劳动，也经常苦于得不到具有某种特殊技能的劳动；一个有专门技能的工人，一旦失业，则不容易找到另外的就业机会。

本节构建如下简要模型，以说明集聚是如何降低专业技术工人的失业风险的。

根据新经济地理学的经典假定，假设一个国家由两个地区组成，分别是东部和西部。存在一个产业，产业中有两个企业。这两个企业的生产过程除了使用初级或普通劳动力之外，还使用具有某种特殊技能的专业劳动力。为了简化分析，假设这两个企业对劳动的需求并不完全相关，即一个企业对专业劳动力的需求较高时，另一个企业对这种专业劳动力的需求并不确定，或者每个企业都会经历“繁荣期”和“萧条期”。这个国家共有 200 个这样的专业劳动力。在繁荣期，每个企业需要 125 个专业劳动力；相反，在萧条期，每个企业只需要 75 个专业劳动力。专业劳动力的空间配置初始给定，并且由于某种原因，劳动力不可跨区域流动。如果初始状态下，两个企业（企业甲和企业乙）分别分布在东部和西部，专业劳动力的供给状态也是东部有 100 个，西部有 100 个。那么，可以出现以下四种情况：

（1）企业甲繁荣，企业乙萧条；则东部缺25个专业劳动力，西部富余25个劳动力；共有175个劳动力实现了就业，25个处于失业状态。

（2）企业甲萧条，企业乙繁荣；则东部富余25个专业劳动力，西部富余25个劳动力；共有175个劳动力实现了就业，25个处于失业状态。

（3）企业甲繁荣，企业乙繁荣；则东部缺25个专业劳动力，西部缺25个劳动力；共有200个劳动力就业，国家处于“零失业”状态。

（4）企业甲萧条，企业乙萧条；则东部富余25个专业劳动力，西部富余25个劳动力；共有150个劳动力就业，50个处于失业状态。

相反，如果初始状态下，两个企业都集中在东部，专业劳动力的供给状态也是200个全部集中在东部。那么，同样可以出现四种情况：

（1）企业甲繁荣，企业乙萧条；则企业甲使用125个专业劳动力，企业乙使用75个劳动力；200个劳动力都实现了就业，国家处于“零失业”状态。

（2）企业甲萧条，企业乙繁荣；则企业甲使用75个专业劳动力，企业乙使用125个劳动力；200个劳动力都实现了就业，国家处于“零失业”状态。

（3）企业甲繁荣，企业乙繁荣；则企业甲只能使用100个专业劳动力，企业乙也只能使用100个劳动力；200个劳动力都实现了就业，整个国家还缺50个劳动力。

（4）企业甲萧条，企业乙萧条；则企业甲使用75个专业劳动力，企业乙使用75个劳动力；150个劳动力实现了就业，50个劳动力处于失业状态。

从以上简洁的模型中可以看出，当一个产业的企业在空间上平均分布时，国家未实现充分就业的概率是3/4；而当一个产业的企业在空间上集聚时，未充分就业的概率仅为1/4。概率由3/4降到1/4，仅仅是因为企业都集聚在某一位置。可以看出，集聚所带来的专业劳动市场显著降低了专业技术工人失业的可能性。

在产业生产较为发达的地区，或产业集聚地，产业的规模较大，发展程度较高，专业化分工更加细化。企业对某种细微，并不常见的专业化技能存在大量需求。具有某种专业技能的工人也只有在产业集聚地才更有可能匹配到需要自身小众化技能的企业。专业技术工人和企业的成功匹配，也极大地降低了企业对新员工的培训成本，间接增加了企业利润。

2. 本地知识溢出与生产性服务业集聚

就知识和信息溢出（Knowledge Spillover）而言，“在产业集聚地，机械、流程和商业一般组织的发明和改进，人们很快会谈论它们的优点；如果一个人有一个好的想法，会被别人采纳，这个思想又与他们自己的建议结合起来，成为新思想的源泉。”与高技术产业类似，知识和技术密集型是生产性服务业区别于一般制造业以及其他服务业的一个重要特征。要实现生产性服务业的持续发展，缄默的、非编码化知识是必不可少的投入要素。然而，即使信息通信技术已经取得突飞猛进的发展，但这类缄默知识的传播和扩散依然主要依靠面对面的正式或非正式的交流，距离衰减规律在缄默知识的传播中体现得淋漓尽致。随着距离扩大，缄默与非编码化知识的获取越来越困难。

服务业，尤其是生产性服务业具有人力资本密集型和知识密集型特点，对人才的专业素质要求较高。以金融业为例，北京、上海和中国香港发达的金融业会吸引中国乃至世界各地的专业金融人才在此寻找就业机会；同时，定位于这些金融业中心城市也降低了金融业创新创业企业对专业金融人才的搜寻成本。服务业之间的知识外溢则可以突破空间和行业间的限制，以获得范围经济，这使知识的溢出效应在服务业更为明显。不同制造业企业之间以及制造业与服务业之间存在广泛的上下游投入产出关系，但不同生产性服务业企业之间更多的是竞争关系，因此，马歇尔提出的专业中间品市场以及克鲁格曼基于企业上下游互补关系假设提出的核心边缘垂直联系模型（CPVL Model）并不适用于生产性服务业的空间集聚。基于此，本书认为：

本地高水平专业劳动市场的发育和共享，能够促进生产性服务业本地化集聚。

本地知识溢出和信息扩散会吸引生产性服务业迁入，形成生产性服务业集聚。

二、规模报酬递增、冰山交易成本与生产性服务业集聚

规模报酬递增要发挥作用，前提是不同区域之间产品的运输必须付出运输成本。而没有运输成本，规模报酬递增对空间集聚的影响将不会存在。

萨缪尔森（1952）首先提出了冰山运输成本（Iceberg Transportation Cost）的概念，一定程度上取代了传统理论模型中的运输成本引入方式。狭义的冰山运输成本，意指企业将产品运输到另一地区的消费者收入时，需要支付一定的运输成本，这种运输成本将以消耗一定的产品为具体形式。以运输冰山为例，如果赤道地区的国家需要通过南极的冰山获得一吨淡水，那么他需要运输超过一吨的冰山才有可能最终获得一吨淡水，因为在运输的过程中，冰山会消融，这形似付出了运输成本。广义的冰山运输成本还包括由企业负担的包装费、装卸费等，为完成产品或服务销售由企业负担的广告费、保险费、委托代销手续费、销售设施（场地）租赁费和销售服务费、销售部门开展经营活动的人员工资、福利、差旅、办公等等。

在标准的阿罗—德布鲁一般均衡模型中因距离而导致的运输成本和生产中的规模报酬递增现象被删除了。新经济地理学在迪克西特—斯蒂格利茨分析框架（D－S 分析框架）（Dixit and Stiglitz，1977）基础上重新将其引入空间经济的分析之中。规模报酬递增假设包含两层含义：一是由于生产要素的不可分割性或固定成本的存在，仅生产单一种类产品的厂商的生产经常表现为规模报酬递增；二是地区层面的规模报酬递增，它是由厂商水平的规模报酬递增与运输成本假定结合产生的，如果某地区集聚的制造业产品种类越多，则该地区的市场规模也就越大、规模报酬也就越明显。

在理论模型中，加入规模报酬递增因素是通过改变企业的成本结构而实现的。在 D－S 框架下，每个企业只生产单一种类的产品，代表性企业的成本函数表示为：

$$c(x)=w(F+a_m x) \tag{3-1}$$

其中，c 表示代表性企业的总成本，企业的生产只是用一种要素，即劳动。F 表示企业要固定使用的劳动，因此，wF 表示企业固定成本。a_m 表示每生产一单位产品需要投入的可变劳动量，本质上表示企业的效率，a_m 越大，则表示企业的效率越低。x 表示企业产量。随着经济地理学理论模型的不断发展，规模收益递增以各种形式被引入模型中。在自由资本模型（FC 模型）中，代表性企业的成本函数表示为：

$$c(x) = F + w_l a_m x \tag{3-2}$$

其中，w_l 表示工人工资。假设每个企业只使用一单位的固定资本。

当产品市场处于供求均衡时，企业的规模报酬程度（MP_L/AP_L）$=\sigma/(\sigma-1)$。其中，σ 表示消费者对多样化商品的替代弹性，σ 越趋于 1，表示消费者多样化的偏好越强；σ 越大，表示消费者多样化的偏好越小。因此，均衡时的企业规模报酬递增程度和 σ 成反比，即消费者的多样化偏好越强，企业的规模报酬递增程度越大。

新经济地理学认为，经济活动的空间分布受两种相反的作用力的影响。集聚力来自本地市场效应和价格指数效应。所谓本地市场效应，又称市场接近效应，是指垄断竞争市场上的企业通常会选择市场规模较大的区位进行生产，并向规模较小的市场出售其产品。而价格指数效应，又称生活成本效应，是指企业集聚地的居民所面临的产品种类更多，需要从外地运入的产品种类较少，因而集聚地的消费者面临更少的运输成本，而边缘地的消费者因为需要大量来自集聚地的产品，因此付出了更多的运输成本，从而导致核心地拥有更低的价格指数，生活成本也相对边缘地更低。分散力来自市场拥挤效应，或称市场竞争效应，是指不完全竞争市场上的企业趋向于选择竞争者较少的区位。当冰山运输成本较高时，由本地市场效应和价格指数效应组成的集聚力小于由市场拥挤效应组成的分散力，这样，企业均匀分布是稳定的均衡状态。但随着冰山运输成本的降低，集聚力和分散力同时下降，但分散力的下降速度快于集聚力的下降速度，当冰山运输成本低于临界值时，分散力开始小于集聚力，企业集聚分布成为稳定的均衡状态，均匀分布不是稳定均衡。图3-1中，Φ_B 表示突破点（Break Point），横轴 Φ 表示贸易自由度（Freeness of Trade），是冰山运输成本的倒数，取值在0到1之间，0表示东部和西部之间的贸易自由度非常小，运输成本非常大；1表示两地区之间的贸易自由度大，运输成本非常小。纵轴 S_n 表示东部的产业份额。假设初始状态时，东部和西部的产业份额各为1/2。当贸易自由度较低时，分散力大于集聚力，经济活动均匀分布于东西部。随着贸易自由度的增大，集聚力和分散力同时降低，但分散力降低得更快。Overlap表示重叠区域。如图3-2所示，其中，纵轴为力的大小。当贸易自由度达到突破点 Φ_B 时，集聚力（Agglomeration Forces，包括后向关联（Backward Linkages）和前向关联（Forward Linkages））大于分散力（Disperation Forces，即本地竞争效应（Local Competition ERPeet）），若偶然性因素导致东部经济活动份额增加，那么东部的经济份额将持续增加，直到西部的经济活动全部迁往东部。

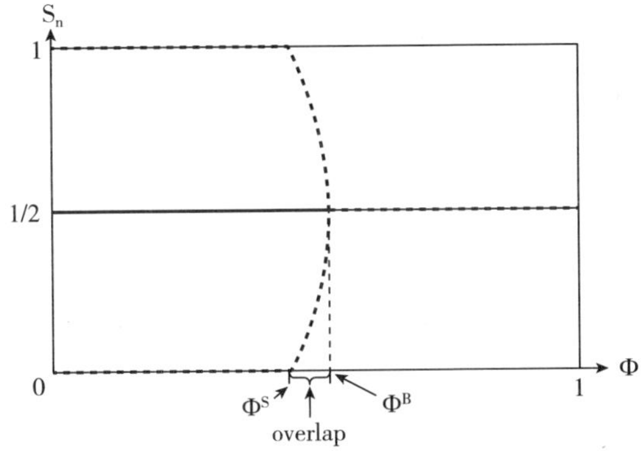

图3-1　均衡状态下冰山运输成本对经济活动空间分布的影响

资料来源：安虎森等．新经济地理学原理［M］．北京：经济科学出版社，2009：120.

本节将构建一个简洁的数理模型，以阐明规模收益递增、运输成本和需求规模对于经济活动空间分布的影响。

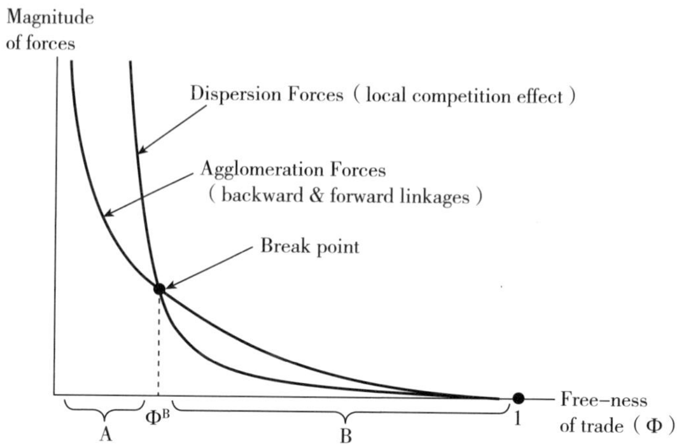

图 3-2　冰山运输成本对集聚力和分散力的影响

资料来源：安虎森等. 新经济地理学原理［M］. 北京：经济科学出版社，2009：114.

基本假设：①一个国家有两个地区，东部和西部。②农民从事农业，具有跨区域不可流动性，东西部的农民数分别为 A 和 A^*。假设这个国家的总人口恒定，为 P。那么，东部的工人数即为 $\alpha(P-A-A^*)$，西部的工人数为 $(1-\alpha)(P-A-A^*)$，工人具有跨区域可流动性；α 取值为［0，1］。由于工人在工厂工作，生产制造品。因此，工人的初始分布，也就决定了初始状态下工业生产的分布。③每个地区对制造品的需求与该地区的人口数成严格正比关系。为此，我们假设每个工人或农民对制造品的需求为 1 单位。④为了简化分析，产品价格东西部一致，且始终保持不变。⑤代表性工业企业进行生产的固定投资或沉没成本为 F，每一单位产品运到另一地区的运费率为 t。厂商可以选择在两个地区设厂，那么，厂商将不存在运输成本；厂商也可以选择只在某个地区设厂，那么，厂商将承担向另一个地区销售时产生的运费。以上初始状态可以用图 3-3 表示。

模型比较静态分析：在其他厂商和工人区位给定的情况下，代表性厂商如何为自己的企业选择区位？

西部地区	东部地区
农民数 $=A^*$	农民数 $=A$
工人数 $=(1-a)(P-A-A^*)$	工人数 $=a(P-A-A^*)$

图 3-3　模型初始状态

资料来源：笔者绘制。

表 3-1　代表性厂商不同区位选择下的成本

成本结构/区位选择	仅布局东部	两地均有布局	仅布局西部
固定成本	F	2F	F
运费	$t[A^*+(1-\alpha)(P-A-A^*)]$	0	$t[A+\alpha(P-A-A^*)]$
总成本	$F+t[A^*+(1-\alpha)(P-A-A^*)]$	2F	$F+t[A+\alpha(P-A-A^*)]$

资料来源：笔者计算整理。

厂商是依据成本最小化进行区位选择的。那么，在给定的初始状态下，代表性企业只选择在东部设厂的充要条件是同时满足式（3-3）和式（3-4）：

$$F+t[A^*+(1-\partial)(P-A-A^*)]<2F \tag{3-3}$$

$$F+t[A^*+(1-\partial)(P-A-A^*)]<F+t[A+\partial(P-A-A^*)] \tag{3-4}$$

进一步简化为式（3-5）和式（3-6）：

$$F/t>(1-\partial)(P-A)+\partial A^* \tag{3-5}$$

$$\partial>(P-2A)/(P-A-A^*) \tag{3-6}$$

代表性企业选择在两地设厂的充要条件是同时满足式（5-7）和式（3-8）：

$$F/t<(1-\partial)(P-A)+\partial A^* \tag{3-7}$$

$$F/t<\partial(P-A)+(1-\partial)A^* \tag{3-8}$$

代表性企业只选择在西部设厂的充要条件是同时满足式（3-9）和式（3-10）：

$$F/t>\partial(P-A)+(1-\partial)A^* \tag{3-9}$$

$$\partial<(P-2A)/(P-A-A^{*}) \tag{3-10}$$

模型结论：

（1）当 $\alpha=1$ 时（初始状态下，所有工人和企业都定位在东部），式（3－6）必然得到满足。那么随着固定成本的上升，企业规模报酬递增程度的上升，式（3－5）必然得到满足，那么，企业只选择在东部定位。

当 $\alpha=0$ 时（初始状态下，所有工人和企业都定位在西部），式（3－10）必然得到满足。那么随着固定成本的上升，企业规模报酬递增程度的上升，式（3－9）必然得到满足，那么，企业只选择在西部定位。

可以得出结论：在其他条件不变的情况下，随着规模报酬递增程度的增强，代表性企业只会选择在已有工人较多的地区定位设厂。

（2）随着运输成本的下降，即 t 的不断下降，式（3－5）和式（3－9）必然得到满足，即企业只会定位在一个地区，而不是同时在两地设厂。

可以得出结论：在其他条件不变的情况下，随着区域间运费率的下降，企业只选择在已有工人较多的地区定位设厂。

与制造业产品不同，服务业产品主要是无形产品，较少需要空间上的运输。不同空间上无形产品的交易更多的是依赖电子信息技术和现代互联网通信手段。因此，与制造业中冰山运输成本相对应，服务业所面临的空间传输成本和地区信息化水平，将是影响服务业空间集聚的重要因素。

基于以上分析，本书认为：

行业规模报酬递增程度越高，空间集聚趋势越强，空间集聚度越高。

区域信息化程度的提高或冰山交易成本的降低，有助于吸引生产性服务业企业，从而形成生产性服务业集聚区。

三、市场需求规模与生产性服务业集聚

潜在市场规模的大小对产业区位选择至关重要。新经济地理学所强调的本地市场效应认为，垄断竞争市场上的企业为了节省运输成本，会选择市场规模较大

的地区进行生产，同时向市场规模小的区域运输商品。根据核心边缘垂直联系模型（CPVL Model），如果考虑到企业之间的上下游价值链关联，上下游企业之间相互需求，形成稳定的供需关系，因此，企业会进一步定位于已有的产业集聚区，以节省运输费用。另外，定位在市场规模较大的地区还可以使企业以更低的交易成本和搜寻成本获得市场需求信息，了解市场变化，有助于克服信息不对称引起的低效率问题。

随着传统制造业的不断发展，对生产性服务业的需求逐步出现，会计、法律、财务、物流等职能部门逐步分离出来。为了进一步提升自身效率，制造业企业往往会通过外包的方式获得这些服务，从而将资源集中在某一重大优势领域，这进一步增强了企业的灵活性，符合柔性专业化或弹性专精的生产组织形式。而对从制造业中分离出来的生产性服务业而言，可以更加集中于某一类型服务，通过扩大服务规模、实现规模经济和“干中学”的过程提升服务业自身效率。分工后的制造业和服务业彼此更加依赖对方提供的产品。要素密集度和处在“微笑曲线”价值链不同环节的制造业对生产性服务业的需求存在较大差别。以高技术产业为代表的技术密集型产业或传统产业中对知识、技术和信息依赖程度较大的生产环节，例如核心零部件研发与制造、品牌营销与策划、产业功能与设计、销售渠道构建与营销活动开展等环节，对生产性服务业中的信息传输、计算机服务和软件业、科学研究和技术服务业的服务需求量较大；研发创新活动对金融业、租赁和商务服务业的需求较大。而劳动密集型产业或产业链中以加工组装为主要生产活动的企业则更有可能对交通运输、仓储和邮政业的需求更多。

然而，已有的关于集聚的研究主要针对的是制造业的空间集聚，很少涉及生产性服务业的空间集聚。制造业区位选择时需要考虑的市场规模主要是本地消费市场规模，本地消费市场规模越大，制造业企业定位在本地最终会降低消费者所要承担的运输费用。与制造业面对的消费者不同，生产性服务业面对的消费者主要是制造业企业和制造业活动，其生产的产品大多数为无形的服务。生产性服务业在制造业规模较大的集聚地定位，有助于降低生产性服务业与制造业的交易成本，实现生产性服务业与高端制造业协同创新。

基于以上分析，本书认为：

制造业的空间集聚，有助于吸引生产性服务业在其周边布局，形成生产性服务业集聚地。

四、市场化程度、法治化水平与生产性服务业集聚

新古典经济学和新经济地理学在解释生产活动的空间集聚时均假设理论模型中的各个区位具有相同的制度环境，即各区域在制度条件上不存在任何差异。但这一点与转型期中国各地区的经济社会发展事实并不相符。改革开放以来，在区域非平衡发展战略和“让一部分人先富起来”发展思路的指导下，东南沿海地区的市场化改革进程和对外开放进程始终走在前列，市场在资源配置中的基础性和决定性作用不断强化，而政府则在经济调节、市场监管、社会管理和公共服务等方面发挥着更加重要的作用。市场和政府关系的恰当处理极大地降低了企业在东部地区发展的制度成本，提高了东部地区的资源配置效率，吸引更多私营和外资经济的到来，最终促成了东部经济率先腾飞。

1. 区域市场化程度与生产性服务业集聚

改革开放以后，随着财政分权制度的确立，地方政府可以保留一定比例的税收收入，因此，地方有强烈动机促进本地经济发展。面对激烈的市场竞争和任期GDP考核制度，地方政府往往采取或明或暗的行政手段，限制外地要素和产品进入本地市场，扶持本地品牌构建，从而免受外地市场竞争。在实证研究方面，Young（2000）认为，地方政府的保护主义行为极大地阻碍了商品和要素的跨区域流动和资源在更大规模市场的优化配置，从而导致地区之间资源配置低效，重复配置、地区分工弱化、产业结构趋同是地方保护主义行为的不良后果。白重恩等（2004）利用行业层面数据，以国有经济在产业中所占比重为产业受到地方保护主义程度的代理变量，实证回归发现，地方保护主义行为确实阻碍了产业空间集聚。国有及国有控股比重更高的产业的空间集中度更低。黄玖立等（2006）、

金煜等（2006）、路江涌和陶志刚（2007）等对政府干预与产业空间集中度关系的研究同样证实了这一观点。对生产性服务业的空间集聚，政府干预和地方保护主义会起到阻碍作用吗？陈建军（2009）认为，较大的政府规模往往具有较强的行政干预能力，如修建各种工业园区促进产业集聚，进而提升当地经济能级，以此作为仕途升迁与晋级的资本。同时，由于生产性服务业如金融业、信息传输、计算机服务和软件业、科学研究和技术服务业等在21世纪的信息经济时代，对实体经济未来转型升级具有不可估量的重要影响，已经逐步升格为未来的战略性新兴产业，因此，更容易受到政府的管制和影响。地方政府规模越大，对当地生产性服务业的干预就越强，生产性服务业空间分散化的趋势就越强。胡霞（2009）等（2013）的实证文章同样支持了政府干预越多，生产性服务业越分散的说法。

2. 区域法治化程度与生产性服务业集聚

除了市场化这一制度因素的影响，生产性服务业独特的产业特性决定了其发展对制度还有特殊的要求。相对于其他产业，服务业更加依赖于外部契约执行环境。因为服务业产出大多具有无形性，都属于“信任品”的范畴，其消费和供给往往同时完成，这就决定了在交易过程中对其产出的保护更加困难。在这样的情况下，如果没有外部力量来保护契约的执行，相对于其他产业的交易，服务交易的供需双方更加难以对交易的利益和风险形成稳定的预期。而独立的司法体系能有效地发挥契约保护的功能，将会极大地保证交易的发生和进行，降低服务交易失败的风险。另外，正如Eswaran等（2002）所言，服务业的产品具有差异化和个性化的特点，缺乏统一的评价标准。这种个性化产品的交易很容易造成交易双方的相互锁定。在外部法律环境难以保证契约得到有效实施的情况下，服务交易的双方锁定威胁及其伴随的机会主义行为，实际上会抑制交易的发生和服务业发展。

基于以上分析，本书认为：

地区市场化程度的提高将有助于加速区域生产性服务业的发展，从而形成生产性服务业集聚区。

地区契约环境的完善或法治水平的提高有助于吸引生产性服务业迁入和促进生产性服务业发展，从而形成生产性服务业集聚区。

综合以上各因素的影响，得出理论框图 3 –4。

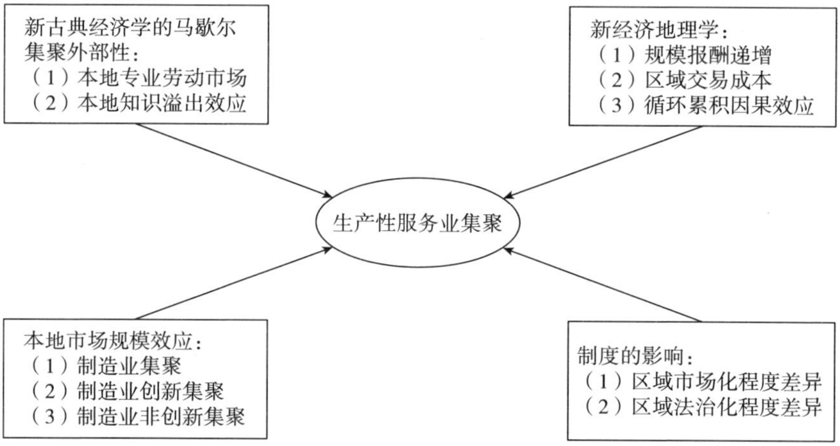

图 3 –4　生产性服务业的空间集聚动因

资料来源：笔者绘制。

第二节　生产性服务业集聚与制造业创新活动集聚的互动关系

本节首先梳理并归纳了生产性服务业集聚对制造业集聚所产生的正效应，包括产业内正效应和产业间正效应。其次提出生产性服务业集聚对制造业创新集聚带来的负向挤出效应；同时，制造业创新集聚也能够通过本地市场需求效应吸引生产性服务业在其周围集聚。最后，在综合以上分析的基础上提出相应的理论假说。

一、生产性服务业集聚对制造业创新集聚的正向吸引效应

生产性服务业在一定区域内的集聚会产生多重正向效应，具体包括产业内正向效应，即对生产性服务业自身的影响，同时还包括产业间正向效应，即对不同类型制造业的影响。本节首先介绍生产性服务业的正向效应。

1. 产业内正向效应

生产性服务业集聚的产业内正效应是指集聚给生产性服务业自身带来的重要影响，主要体现为全要素生产率的不断提升，其影响途径主要包括以下三种。

一是空间集聚强化了服务业产业内竞争效应。服务业同类企业的空间集聚强化了原先分散化分布的企业之间的联系。最直观的联系是企业不得不面对同样的潜在市场规模，这进一步加强了集聚地服务业企业所面临的市场竞争。

二是空间集聚有助于产业内知识溢出、技术扩散和创新，从而提高集聚地生产性服务业效率。大量知识密集型的生产性服务业企业集聚在一起，形成了一个巨大的服务业高水平人力资本池。这种人力资本池为“集体学习过程和创新环境演化”奠定了空间基础，鼓励企业员工进一步学习以提高自身创造新知识的能力。当大量企业集聚在一起时，从市场竞争力的角度来看，必然存在龙头企业或竞争优势明显的企业，这些企业往往具有先进的服务理念、管理经验、成熟的服务品类型和营销渠道。空间上的集聚，客观上降低了落后企业向先进企业学习的交易成本，同时也使落后企业在巨大的竞争压力下不断向龙头企业学习，借鉴其先进经验，提升自身服务能力和服务效率。落后企业的追赶与竞争力提升也不断迫使龙头企业改善效率。大量的实证文献提供了空间集聚带来知识溢出，改变企业生产可能性边界的案例。

三是空间集聚有助于增强企业间的社会信任，降低了企业的机会主义行为。从合作的角度来讲，空间集聚也降低了服务业大企业和小企业之间、不同细分行业企业之间、价值链不同环节上的企业之间的交易费用，为企业之间的

高效合作创造了基础。产业集聚能够加强生产性服务业内的社会信任，减少不确定性。由于市场中的信息搜寻和信息不对称，企业需承担不同程度的信息和风险成本。而生产性服务业的生产方式具有自身的特点，体现在生产性服务业的产出不仅包括有形的产品，还包括无形的产品如解决方案、服务项目等，并且其生产活动与消费活动具有同时性，这都增加了生产性服务业企业生产经营的不确定性和风险成本。生产性服务业集聚区内的企业及相关机构，在地理力彼此临近，具有一定的熟识度，通过集聚机制和网络环境建立起了更为可靠的信任关系，有利于企业促进企业间进行更频繁和密切的沟通，开展交流和合作，形成了良好的产业社会网络关系。生产性服务业集聚能够强化集聚区的社会网络，增加集聚区内企业间的社会信任，从而减少不确定性，降低交易成本（袁丹，2015）。

2. 产业间正向效应

产业间正向效应是指生产性服务业集聚对制造业以及不同类型制造业活动生产效率和成本的影响。当制造业企业集聚在生产性服务业发达的地区时，由于空间上的临近，制造业企业在获取生产性服务业提供的产品时可以节省一定的搜寻成本、中介服务成本和交易成本。

生产性服务业的空间集聚能够通过降低交易成本显著提升制造业生产效率。顾乃华等（2006）利用 DEA 方法计算了制造业效率，并分析了生产性服务业发展对制造业效率的影响，实证研究表明，生产性服务业有利于提升制造业效率；同时，不同地区生产性服务业的影响程度不尽相同，生产性服务业在东部地区的影响更大；不同细分行业的作用程度也不尽相同，其中，金融保险业的影响力更大。冯泰文（2009）利用中介效应模型，以交易成本和制造业制造成本为中介变量，考察了生产性服务业各细分行业对制造业全员劳动生产率的影响，研究发现：五个生产性服务业细分行业中，金融业对制造业效率的影响最大；生产性服务业集聚与发展是通过降低制造业的交易成本，而不是制造业生产成本而提升制造业效率的。顾乃华（2011）利用多层线性模型和中国地级市数据实证检验了城市生产性服务业对工业的外溢效应，并且认为这种外溢效应存在市际边界。宣烨（2012）利用2003～2009年中国247个地级市生产性服务业数据和空间面板模型，研究发现，生产性服务业集聚能够通过竞争效应、专业化效应以及外部溢出效应对制造业全员劳动生产率存在显著影响。这种影响不仅存在于本地区，而且生产性服务业的空间集聚通过空间溢出效应，影响周边地区制造业的全员劳动生产率。另外，张振刚等（2014）利用珠三角城市的空间面板数据也得出了相同的结论。余泳泽等（2016）进一步探讨了生产性服务业集聚对制造业生产效率的外溢效应衰减边界。实证研究表明，生产性服务业集聚的空间外溢效应存在衰减边界，在200千米以内是空间外溢的密集区域，500千米为空间外溢的半衰边界，而省界对空间外溢效应具有明显的阻碍作用。

另外，生产性服务业空间集聚能够吸引制造业，尤其是知识和技术密集型制造业在其周围集聚，从而形成协同创新效应（刘志彪，2008），降低制造业的创新成本。刘叶和刘伯凡（2016）利用DEA－Malmquist方法，对制造业效率进行了分解，将全要素生产率变动分解为技术效率的变动和技术进步两方面。实证研究发现，生产新服务业和制造业的协同集聚对TFP增长具有显著影响；同时，协同集聚主要是通过影响技术进步和技术创新，而不是技术效率来实现对TFP的影响的。即两者的协同集聚通过产业间知识溢出效应改变了制造业的生产可能性边界，并未对促进企业对先进技术进行追赶。

二、生产性服务业集聚对制造业创新集聚的负向挤出效应

生产性服务业集聚的负效应不仅来源于生产性服务业，这和生产性服务业集聚正效应的发挥密切相关。大量制造业在其周围集聚，形成生产性服务业和制造业的协同集聚状态，这种协同集聚状态带来一定的负向效应，集中表现为吸引人口和劳动力向城市集聚，城镇化速度加快；而城镇化又是影响中国房地产价格的重要需求因素之一，城镇化的加快必然会增加对城市土地的需求。城市及周边土地价格上涨，提高了制造业在生产性服务业周围和城市集聚的成本，带来所谓拥

挤效应。

大量理论和实证研究表明，生产性服务业集聚及其引致的部分类型制造业在其周围集聚，能够吸引更多“边缘区”劳动力和人口向集聚地迁移，加速城镇化进程。杨仁发和李娜娜（2016）利用中国省级面板数据和系统 GMM 估计方法，实证研究了不同类型产业集聚对城镇化的影响。发现制造业集聚、生产性服务业集聚和消费性服务业集聚能够有效推动城镇化进程，但公共性服务业集聚对城镇化发展的影响显著为负。谢治春（2014）及袁丹和雷宏振（2015）的实证研究也得出了相同的结论。

由于服务业对于劳动力的利用率更加集约，效率和利润率更高，因而相对于制造业而言，服务业可以承受更高的地租成本，而服务业集聚所引发的人口规模扩大不仅给城市带来了拥挤效应，更导致城市的地租上升，最为明显的特点是房价的上涨，而高房价则为产业分散提供动力。Sassen（2001）在《世界城市：纽约、伦敦、东京》一书中曾指出，城市内部的成本将使中心城市的制造业分散到“外围”地区，最终形成中心城市以服务业为主，而制造业分布于外围城市。张三峰、杨德才（2009）的实证研究认为，生产性服务业对于制造业的“挤出效应”是制造业转移的主要动力，于诚等（2014）则认为，制造业与服务业之间的“挤出效应”与一个地区（城市）经济发展程度密切相关：一个地区（城市）经济越发达，服务业对制造业的“挤出效应”越明显；经济越落后，制造业对服务业的“挤出效应”就越不显著。部分学者直接从产业集聚入手，研究产业集聚与区域房地产价格的相互关系与机制机理。骆永民和刘艳华（2011）利用面板 VAR 模型，对金融集聚与不同地区的房地产价格进行研究，研究发现：金融集聚对不同地区房地产价格存在不同的影响。在东部地区和西部地区，金融集聚显著推动了房地产价格的上涨，但在中部地区，这种影响力显著为负。周启民（2015）认为，制造业集聚是通过促进地区经济增长、吸收劳动力推动城市化进程和提高个人收入三方面途径影响房地产价格的。

三、制造业创新集聚对生产性服务业集聚的本地需求效应

潜在市场规模的大小对产业区位选择至关重要。新经济地理学所强调的本地市场效应认为，垄断竞争市场上的企业为了节省运输成本，会选择市场规模较大的地区进行生产，同时向市场规模小的区域运输商品。从生产性服务业的定义中可以看出，生产性服务业的需求者主要是制造业，既包括制造业创新活动，同时还包括制造业非创新活动。因此，当本地制造业规模较大时，尤其是制造业创新活动的规模，会进一步吸引生产性服务业在其周围集聚。由于本章第一节中已经阐述了本地制造业集聚促进生产性服务业集聚的影响机理，因此，本部分不再赘述。

四、研究假说的提出

事实上，生产性服务业集聚所引致的地租上升无论对哪种类型制造业活动都会产生几乎相同的负外部性。因为无论是何种类型制造业活动，在同一个城市的企业都需要面临同样的房价和同样的拥挤度，企业由此而产生的成本，例如城市中的土地成本、交易成本、搜寻成本是趋于一致的，所以我们认为生产性服务集聚对于制造业创新活动和非创新活动所产生的挤出效应是相同的。

既然如此，生产性服务业集聚对于制造业不同类型制造业活动的最终影响将取决于生产性服务业集聚对于它们产生的正向效应。

对于生产性服务业集聚的产业内效应，不同类型制造业理应获得相同的正向效应，因为这种外部性的大小主要取决于生产性服务业，对于制造业企业而言是外生的。而对于产业间知识外溢和技术扩散的作用，虽然从制造业企业的角度而言，在同一区域内生产性服务业所产生的技术外溢应该是相同的，但是制造业不同类型生产活动吸收消化这种技术外溢的能力是不同的。非创新活动的劳动密集型特征更加明显，初级劳动力、土地和成熟的机器设备是其生产过程主要投入品，科研能力较差，其本身获得这种技术外溢的能力较弱，因而生产性服务业对

于该类企业的吸引力主要取决于产业内效应和产业间交易成本降低效应，而创新型活动由于其自身特点，具有较高的科研实力，对于知识和技术外溢具有很强的敏感性和接收能力，因而获得这种技术外溢的能力较强。

综合以上分析：由于挤出效应和其他正向效应的效果相同，生产性服务业集聚对于制造业创新型活动和非创新型活动的技术外溢效果却是不同的，生产性服务业集聚对于不同种类活动所产生合力的大小理应不尽相同，甚至是方向是相反的。图 3－5 综合描述了以上各种效应的作用过程。

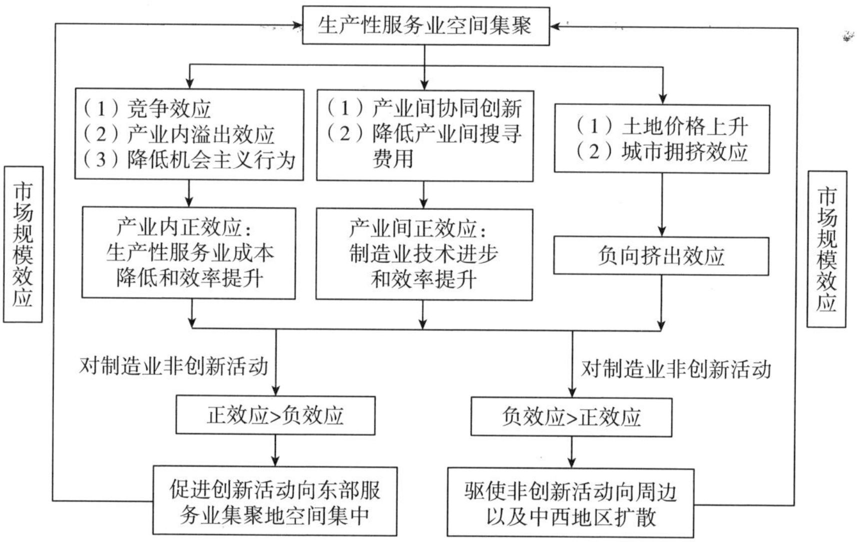

图 3－5　生产性服务业空间集聚对制造业不同类型生产活动区位选择的影响机理

资料来源：笔者绘制。

基于以上的分析，本书提出以下研究假说：

H1：生产性服务业的空间集聚对制造业创新活动所形成的吸引力大于分散力，即吸引制造业创新型生产活动迁入生产性服务业集聚地，形成制造业创新的空间集聚。

H2：生产性服务业的空间集聚对制造业非创新活动所形成的分散力大于集吸引力，即迫使制造业非创新活动从生产性服务业集聚区扩散出去。

H3：制造业集聚，尤其是知识密集型的制造业创新活动的集聚，能够通过本地市场需求效应，吸引生产性服务业在其周围快速发展和集聚。

第三节　制造业创新活动集聚对制造业研发效率的影响

新经济地理学的研究业已表明：空间是非中性的，即经济活动的空间集聚能够通过集聚外部性提升经济活动效率。同样地，制造业创新活动的空间集聚能够通过马歇尔集聚外部性影响创新活动绩效和研发效率。

一、创新型人才集聚与制造业研发效率

制造业创新活动的空间集聚能够在集聚地周围形成由高水平创新型人才和技能劳动力组成的专业劳动市场。这个劳动市场对创业公司和专业技术人才都是有利的。对创新创业企业而言，降低了对所需要的创新型人才的搜寻成本；对创新型人才而言，在创新活动集聚地能够更容易寻求到合适的工作，既提高了供求匹配程度，同时降低了自身的失业概率。创新活动集聚地的企业可以共享这一劳动市场带来的成本节约。

二、本地知识溢出与制造业研发效率

就知识和信息溢出（Knowledge Spillover）而言，“在产业集聚地，机械、流程和商业一般组织的发明和改进，人们很快会谈论它们的优点；如果一个人有一个好的想法，会被别人采纳，这个思想又与他们自己的建议结合起来，成为新思想的源泉。”知识和技术密集型是制造业创新活动区别于制造业非创新活

动一个重要特征。要实现创新或研发的持续进行，缄默的、非编码化知识是必不可少的投入要素。然而，虽然信息通信技术已经取得突飞猛进的发展，但这类缄默知识的传播和扩散依然主要依靠面对面的正式或非正式的交流，距离衰减规律在缄默知识的传播中体现得淋漓尽致。随着距离扩大，缄默与非编码化知识的获取越来越困难。因此，创新活动或研发活动的空间集聚在一定程度上促进了本地知识溢出效应的发挥，有助于降低集聚地研发活动成本，从而提升研发效率。

第四节　本章小结

本章就生产性服务业的集聚成因、生产性服务业集聚与制造业创新活动集聚的互动关系以及制造业创新活动集聚的研发效率含义进行了梳理。从整体框架上来梳理，可以发现，新古典经济学马歇尔集聚外部性、新经济地理学的规模报酬递增、交易成本和循环累积因果关系、来自本地制造业活动的需求规模，以及制度因素都对生产性服务业空间集聚产生较强的作用力。生产性服务业空间的空间集聚同时产生了集聚外部性和集聚拥挤效应，但制造业创新活动具有知识密集型特点，能够有效地吸收这种集聚正效应，同时较高的附加值和利润率也决定能够在更大范围内承受土地成本的上升。因此，生产性服务业集聚能够吸收制造业创新活动在其周围集聚。同时，制造业创新活动也是生产性服务业的主要需求者，因此，制造业创新活动集聚通过市场规模效应，吸引生产性服务业在其周围集聚。最终形成生产性服务业集聚和制造业创新集聚之间正向的互动关系。制造业创新活动空间集聚能够通过集聚外部性提高集聚地的研发效率如图 3－6 所示。

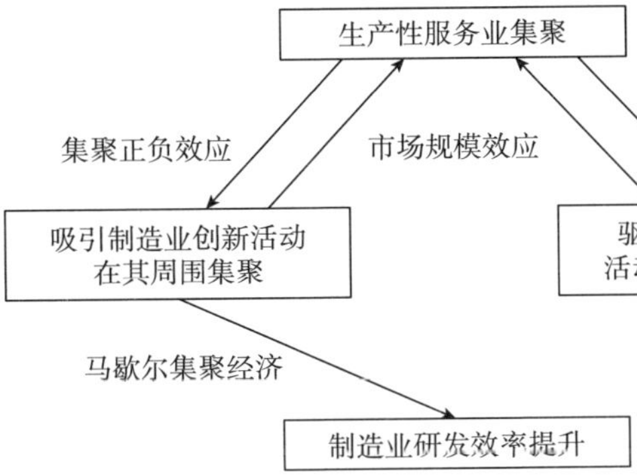

图3－6　生产性服务业集聚、制造业创新集聚与研发效率的相互作用机理

资料来源：笔者绘制。

第四章　生产性服务业集聚与制造业创新集聚互动关系的实证研究

首先，本章从空间集聚的视角测算了中国供给侧的重要组成部分——生产性服务业和制造业创新活动的集聚度在2003年以来的演进趋势，这既包括全行业的集聚度演进趋势，也包括5个生产性服务业细分行业和28个制造业细分行业的集聚度演进趋势。其次，根据第三章所提出的生产性服务业集聚的影响因素，利用系统GMM两步法就生产性服务业集聚的动因进行实证研究。最后，在加入其他控制变量的基础上，利用联立方程组模型就生产性服务业集聚与制造业创新集聚的互动关系进行了实证研究。

第一节　中国生产性服务业的空间集聚特征

本节首先选择较为合适的集聚度测度方法，在此基础上对2003～2013年中国生产性服务业及其细分行业的集聚度演进趋势进行了测度分析，最后通过其他集聚度指标进行了测度结果的稳健性检验。

一、测度方法与数据来源

集聚度测算指标可以分为绝对集聚度和相对集聚度两类。绝对集聚度包括：绝对空间基尼系数（Krugman，1991；文玫，2004）、空间HHI指数、CR系列指数、熵指数（Aiginger and Davies，2004；吴意云和朱希伟，2015）等；相对指标主要包括：相对空间基尼系数、EG 指数（Ellision and Glaeser，1997）等。绝对集聚度指标将每个省看成是对等的空间单元，而在相对集聚度指标中，每个省的重要性由其经济总量在全国的占比所决定，是非对等的。本书同时选取绝对空间基尼系数和相对空间基尼系数作为衡量集聚的主要指标，同时以空间 HHI 指数和 CR_4 指数作为检验空间基尼系数测算结果稳健性的辅助指标。

绝对空间基尼系数的表达式为式（4－1）：

$$AGini(i)=\frac{1}{2n^2 s(i)}\sum_{k=1}^{n}\sum_{j=1}^{n}|s_{ij}-s_{ik}| \tag{4-1}$$

其中，n 表示省份个数，s（i）表示各地区在 i 产业上的平均份额；s_{ij}表示 j 地区 i 产业在全国 i 产业中的份额，s_{ik}表示 k 地区 i 产业在全国 i 产业中的份额。其原理是首先得到洛伦兹曲线，继而计算洛伦兹曲线与 45 度线之间的面积的两倍，其取值范围为［0，1］，产业集聚度越接近 1，产业越集中；相反，越接近于 0，产业空间平均或均匀分布的特征更加明显。

熵指数的表达式为式（4－2）：

$$Conc(i)=-\sum_{r=1}^{n}\left[\frac{x_{ir}}{x_i}\ln\left(\frac{x_{ir}}{x_i}\right)\right] \tag{4-2}$$

其中，x_{ir}表示 r 地区 i 产业的就业人数，x_i 表示全国 i 产业的就业人数，n 表示省份数量，其取值范围为［0，ln（n）］。由于熵指数是反向指数，即产业熵值越接近 0，产业越集中；熵值越接近 ln（n），产业空间均匀分布的特征越明显。

相对空间基尼系数（CGini），其表达式为式（4－3）：

$$CGini(i)=\sum_{r=1}^{n}(x_r-s_r)^2 \tag{4-3}$$

其中，CGini（i）表示产业 i 的相对空间基尼系数；Xr 表示区域 r 制造业总产值在中国制造业中的占比；S_r 表示区域 r 的 i 行业在全国 i 行业中的占比。其取值范围为［0，1］，产业集聚度越接近 1，产业越集中；产业集聚度等于 0，表示产业在各空间均匀分布。

空间 HHI 指数和 CR_4 指数，其表达式分别为式（4－4）和式（4－5）：

$$HHI(i) = \sum_{r=1}^{n} s_{ir}^2 \tag{4-4}$$

其中，S_{ir}表示 r 地区 i 产业在全国 i 产业中的占比。

$$CR_4(i) = \frac{\sum_{r=1}^{4} x_{ir}}{\sum_{r=1}^{n} x_{ir}} \tag{4-5}$$

其中，分子表示产值最大的前四个省份的产值之和，分母表示全国 i 产业总产值。

数据来源主要包括 2006～2014 年《中国第三产业统计年鉴》提供了各年省级空间尺度生产性服务业分行业的职工人数；2004～2014 年《中国统计年鉴》；2004～2014 年《中国城市统计年鉴》提供了 280 多个地级市城镇单位的服务业细分行业的职工人数。

本书测算空间集聚度时使用的数据是基于省级空间尺度，使用的指标是从业人数，数据来源于《中国第三产业统计年鉴》。这与已有文献（陈建军等，2009；盛龙和陆根尧，2013）采用《中国城市统计年鉴》的地级市尺度有所不同。之所以放弃《中国城市统计年鉴》的地级市尺度，是因为该年鉴所提供的生产性服务业的职工数仅包含城镇单位职工，不包含各地区私营和个体服务业职工数。如果事实上私营和个体服务业职工数仅在服务业职工数中占有很小比例，那么在测算集聚度时舍弃私营和个体就业数据的做法对测算结果影响可以忽略不计。但本书通过将《中国第三产业统计年鉴》所提供的城镇单位就业和私营与个体就业分别在服务业中的占比数据进行对比，结果发现：①就全体服务业而言，2003 年城镇单位从业人数占比为 50.8%，之后逐年降低到 2013 年的 36.3%；②就生产性服务业而言，城镇单位的占比也存在逐年下降的趋势，截至 2013 年，城镇单位就业占总就业的比重为 45.7%；③就生产性服务业的五个细分行业而言，城镇单位的占比不仅有逐年下降的趋势，而且，租赁和商务服务业中城镇单位占比仅为24.9%，科学研究、技术服务和地质勘探业中城镇单位占比仅为38.0%。如图4－1和表4－1所示。

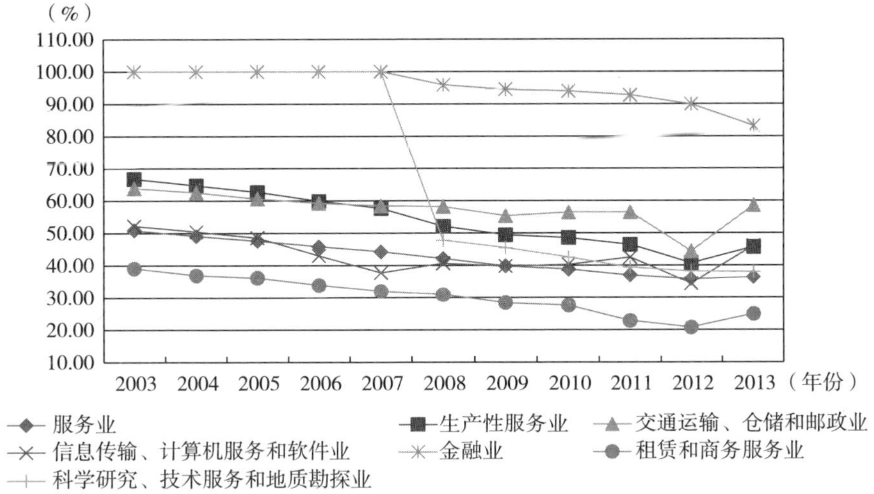

图4－1　中国服务业及各细分行业中城镇单位从业人数占比

资料来源：笔者计算整理。

表4－1　2003～2013年中国服务业及各细分行业中城镇单位职工数占比

单位:%

行业 年份	服务业	生产性服务业	交通运输、仓储和邮政业	信息传输、计算机服务和软件业	金融业	租赁和商务服务业	科学研究、技术服务和地质勘探业
2003	50.8	66.7	63.9	52.2	100	39.1	100
2004	49.1	64.7	62.5	50.4	100	36.9	100
2005	47.6	62.7	60.6	48.5	100	36.2	100
2006	45.8	59.8	59.2	43.0	100	33.9	100
2007	44.2	57.6	58.4	37.7	100	32.0	100
2008	42.1	52.1	58.2	40.6	95.9	30.9	47.8
2009	39.8	49.4	55.3	39.8	94.5	28.4	45.4
2010	38.8	48.5	56.4	40.3	94.0	27.6	42.5

续表

行业 年份	服务业	生产性服务业	交通运输、仓储和邮政业	信息传输、计算机服务和软件业	金融业	租赁和商务服务业	科学研究、技术服务和地质勘探业
2011	36.9	46.4	56.4	42.4	92.7	22.8	39.3
2012	35.8	40.7	44.3	34.3	89.9	20.7	38.2
2013	36.3	45.7	58.5	46.1	83.2	24.9	38.0

资料来源：笔者计算整理。

综合以上观察，本书认为使用《中国城市统计年鉴》所提供的忽略服务业中私营和个体就业数据所进行的集中度测算存在较大的偏误。因此，本书使用包含私营和个体就业数据的省级尺度就业数据。

二、中国生产性服务业的空间集聚特征

表4－2提供了2005～2013年中国14个服务业细分行业的空间集聚度演进趋势，表4－4提供了同时期5个生产性服务业的主要集聚区位。通过分析，可以得到以下发现：

第一，从动态的视角来看，14个服务业细分行业中，5个行业（交通运输、仓储和邮政业；信息传输、计算机服务和软件业；金融业；科学研究、技术服务和地质勘探业；文化、体育和娱乐业）的空间集聚度演进趋势为上升，其中4个为生产性服务业，1个是生活性服务业；7个行业的空间集聚度演进趋势为下降，除租赁和商务服务业属于生产性服务业外，其余均为生活性服务业和公共服务业；教育业的空间集聚度略微下降；卫生、社会保障和社会福利业的空间集聚度保持不变。根据已有文献的通行做法（白重恩等，2004；路江涌和陶志刚，2006；吴三忙和李善同，2010），通过加权平均（权重为各细分行业就业在服务业就业中的占比）和算术平均14个行业的集聚度，求得中国服务业的空间集聚度，研究发现，2005～2013年中国服务业空间集聚度的变动趋势并不明显，仅存在小幅度的集中趋势。其上升的直接原因是生产性服务业空间集聚度的持续上升。

表 4－2　2005～2013 年中国服务业细分行业的空间基尼系数及变动趋势

行业		2005 年	2007 年	2009 年	2011 年	2013 年	排名	趋势	年均增速
生产性服务业	交通运输、仓储和邮政业	0.328	0.346	0.364	0.365	0.357	8	上升	1.06
	信息传输、计算机服务和软件业	0.387	0.446	0.416	0.419	0.44	3	上升	1.63
	金融业	0.344	0.352	0.357	0.361	0.361	7	上升	0.59
	租赁和商务服务业	0.531	0.507	0.501	0.478	0.468	2	下降	－1.57
	科学研究、技术服务和地质勘探业	0.35	0.363	0.541	0.551	0.532	1	上升	5.37
生活性服务业	批发零售业	0.38	0.389	0.396	0.377	0.376	6	下降	－0.11
	住宿和餐饮业	0.345	0.344	0.345	0.318	0.312	12	下降	－1.24
	房地产业	0.417	0.415	0.419	0.407	0.397	4	下降	－0.62
	居民服务和其他服务业	0.393	0.362	0.37	0.35	0.345	9	下降	－1.62
	文化、体育和娱乐业	0.342	0.353	0.368	0.378	0.396	5	上升	1.83
公共服务业	水利、环境和公共设施管理业	0.3	0.298	0.302	0.302	0.286	14	下降	－0.57
	教育	0.32	0.319	0.315	0.317	0.314	11	小幅下降	－0.21
	卫生、社会保障和社会福利业	0.322	0.321	0.321	0.324	0.322	10	稳定	0.00
	公共管理和社会组织	0.325	0.32	0.32	0.314	0.302	13	下降	－0.92
算术平均		0.363	0.367	0.376	0.381	0.372	—	小幅上升	0.30
加权平均		0.364	0.37	0.382	0.373	0.372	—	小幅上升	0.28

注：排名为 2013 年排名；年均增速为 2005～2013 年年均增速，定义增幅为－0.5%、0.5%时为小幅上升或下降，增幅大于 0.5%和小于－0.5%时为上升和下降。

资料来源：笔者计算得出。

另外，随着西部大开发、中部崛起等区域协调发展战略的实施，2005 年以后中西部地区的实际收入水平增长迅速，甚至超过东部沿海地区的年均增速，这极大地促进了中西部地区生活性服务业的发展和公共服务业的需求，从而使中国生活性服务业和公共服务业的整体空间集聚度下降。篇幅所限，表中仅列出奇数年份测算值。

第二，从静态的视角来看，2013 年，14 个细分行业中集聚度最高的 3 个行业分别为科学研究、技术服务和地质勘探业，租赁和商务服务业，信息传输、计算机服务和软件业，均为生产性服务业。既提供生产性服务，又提供生活性服务的金融业和交通运输业的集聚度略低，排名略微靠后。服务业的三个大类中，空间集聚度由高到低的排序分别为生产性服务业、生活性服务业和公共服务业。即生产性服务业表现出更高的集聚特性（见表 4 –2 和表 4 –3）。

表 4 –3　2005 ~2013 年各类型服务业的空间基尼系数和熵指数变动情况

行业 \ 年份	2005	2007	2009	2011	2013
生产性服务业基尼系数	0. 388	0. 403	0. 436	0. 435	0. 432
生活性服务业基尼系数	0. 376	0. 373	0. 380	0. 366	0. 365
公共服务业基尼系数	0. 317	0. 314	0. 314	0. 314	0. 306
生产性服务业熵指数	3. 163	3. 145	3. 086	3. 093	3. 105
生活性服务业熵指数	3. 193	3. 196	3. 186	3. 201	3. 200
公共服务业熵指数	3. 264	3. 265	3. 265	3. 266	3. 272

注：篇幅所限，表中仅列出奇数年份测算值。

资料来源：笔者计算整理。

第三，从省级空间尺度来看，2005 年，尚有部分中西部省份的服务业在全国占比较高，例如河南、湖南和陕西；但截至 2013 年，各细分行业占比最大的四个省份均为东部沿海省份，生产性服务业向北京、上海、山东、江苏和广东五个省份集聚的趋势更加明显，这五个省份已经逐步发展成为中国生产性服务业的核心地区，而中西部省份生产性服务业在全国的占比不断下降，逐渐沦为边缘地区。以科学研究、技术服务业和地质勘探业为例，截至 2013 年，北京、江苏、上海和广东四个最大的省份合计占比 49. 47%，仅北京一地占比就达到了 20. 25%（见表 4 –4）。

表4－4 2005年和2013年生产性服务业细分行业的主要集聚区位——省级尺度

行业	年份	省份	占比	省份	占比	省份	占比	省份	占比	四省份合计
交通运输、仓储和邮政业	2005	辽宁	8.25	河南	6.07	广东	5.44	山东	5.39	25.15
	2013	广东	8.09	辽宁	7.06	山东	7.04	江苏	6.88	29.08
信息传输、计算机服务和软件业	2005	广东	10.27	北京	9.26	四川	6.27	山东	5.67	31.47
	2013	广东	11.87	北京	10.12	江苏	8.27	山东	5.5	35.76
金融业	2005	广东	8.23	山东	6.84	江苏	6.18	河南	5.82	27.07
	2013	广东	9.16	山东	6.93	湖南	6.3	北京	6.18	28.57
租赁和商务服务业	2005	北京	14.77	湖南	11.75	上海	11.65	广东	8.12	46.29
	2013	广东	10.44	北京	9.77	上海	9.45	江苏	8.46	38.12
科学研究、技术服务和地质勘探业	2005	北京	13.88	上海	5.8	陕西	5.49	广东	5.4	30.57
	2013	北京	20.25	江苏	9.99	上海	9.62	广东	9.61	49.47

资料来源：笔者计算整理。

表4－5公布了2014年生产性服务业各细分行业从业人数占比最大的20个地级城市及相应占比情况。首先看交通运输、仓储和邮政业，占比最大的20个城市的比重之和为51.43%。其中11个城市来自东部地区，中部仅有哈尔滨、宜昌、十堰、郑州和武汉5个城市，西部城市包括重庆、成都、西安和昆明市。对于信息传输、计算机服务和软件业而言，占比最大的20个城市的比重之和为62.15%，其中10个城市来自东部地区，仅北京就占全国17.61%，排名第二的上海已经与北京相差10%左右。北京成为中国信息传输、计算机服务和软件业的绝对核心地区。对于金融业，占比最大的20个城市的比重之和为37.33%，是生产性服务业5个细分行业中空间分布最分散的行业，其中有12个城市来自东部沿海地区。对于租赁和商务服务业，占比最大的20个城市的比重之和为60.41%，其中有13个城市来自东部沿海地区，占比最大的前两个城市北京和上海的比重分别为15.18%和13.01%，合计28.19%，接近中国租赁和商务服务业的1/3。对于科学研究、技术服务业和地质勘探业，占比最大的20个城市的比重之和为55.07%，其中有10个城市来自东部沿海地区，占比最大的前两个城市是

北京和上海，比重之和为20%。

表4－5　2014年生产性服务业细分行业的主要集聚区位——地级市尺度

单位：%

行业1	占比	行业2	占比	行业3	占比	行业4	占比	行业5	占比
重庆	10.94	北京	17.61	北京	7.86	北京	15.18	北京	14.91
上海	9.26	上海	7.79	上海	6.04	上海	13.01	上海	6.22
北京	7.15	重庆	4.35	重庆	2.74	深圳	4.89	广州	3.92
广州	2.68	南京	4.29	杭州	1.74	广州	4.81	西安	3.17
深圳	2.55	深圳	3.82	深圳	1.68	重庆	4.80	成都	2.91
南京	1.83	杭州	3.10	天津	1.62	杭州	2.11	天津	2.67
杭州	1.82	成都	2.93	广州	1.49	南京	1.79	重庆	2.56
成都	1.71	广州	2.80	宁波	1.30	西安	1.50	杭州	2.14
天津	1.71	济南	2.38	济南	1.28	天津	1.43	深圳	1.95
武汉	1.61	西安	2.23	西安	1.23	成都	1.41	武汉	1.81
西安	1.26	大连	1.73	武汉	1.19	宁波	1.30	南京	1.80
苏州	1.19	苏州	1.29	成都	1.16	苏州	1.15	沈阳	1.59
济南	1.12	银川	1.28	苏州	1.15	银川	1.02	郑州	1.41
昆明	1.02	天津	1.11	长沙	1.12	南宁	0.96	长沙	1.35
十堰	1.01	哈尔滨	1.07	大连	1.05	郑州	0.87	昆明	1.27
郑州	0.98	长春	1.03	哈尔滨	1.02	东营	0.85	大庆	1.18
哈尔滨	0.95	南昌	0.90	沈阳	0.98	福州	0.85	保定	1.11
宜昌	0.95	武汉	0.87	石家庄	0.92	东莞	0.84	哈尔滨	1.05
沈阳	0.86	合肥	0.83	青岛	0.91	昆明	0.84	福州	1.03
青岛	0.85	郑州	0.75	郑州	0.85	济南	0.79	长春	1.02

注：表中行业1为交通运输、仓储和邮政业；行业2为信息传输、计算机服务和软件业；行业3为金融业；行业4为租赁和商务服务业；行业5为科学研究、技术服务和地质勘探业。

资料来源：笔者计算整理。

三、测度结果的稳健性检验

以上基于空间基尼系数的测度结果是否稳健可信？本章将通过另一个在主流

文献中通常会用到的测度方法——熵指数进行检验（见表4－6）。

表4－6　2005～2013年熵指数算法下服务业细分行业的集聚度

行业＼年份	2005	2007	2009	2011	2013	相关系数
交通运输、仓储和邮政业	3.25	3.23	3.21	3.21	3.22	－0.996
信息传输、计算机服务和软件业	3.19	3.08	3.14	3.13	3.11	－0.985
金融业	3.24	3.23	3.22	3.22	3.22	－0.999
租赁和商务服务业	2.94	3	3.01	3.05	3.07	－0.996
科学研究、技术服务和地质勘探业	3.21	3.19	2.85	2.85	2.91	－0.997
批发零售业	3.19	3.18	3.17	3.2	3.19	－0.948
住宿和餐饮业	3.24	3.24	3.24	3.27	3.26	－0.993
房地产业	3.13	3.14	3.14	3.16	3.17	－0.979
居民服务和其他服务业	3.18	3.22	3.21	3.24	3.24	－0.998
文化、体育和娱乐业	3.22	3.2	3.17	3.15	3.14	－0.98
水利、环境和公共设施管理业	3.28	3.28	3.28	3.27	3.29	－0.993
教育	3.26	3.26	3.26	3.26	3.26	－1
卫生、社会保障和社会福利业	3.26	3.26	3.26	3.26	3.26	－0.999
公共管理和社会组织	3.26	3.26	3.26	3.27	3.28	－1

注：篇幅所限，表中仅列出奇数年份测算值。

资料来源：笔者计算整理。

（1）空间基尼系数的结果可靠吗？——来自熵指数的检验。

根据表4－6的测算结果，利用熵指数测算的各细分行业的集聚度和利用空间基尼系数测算的集聚度保持较高的线性相关性：10个细分行业的相关系数为0.99以上，其余4个在0.95以上。可以确定，空间基尼系数对产业空间集聚度的测度结果是稳健的。

（2）与已有文献的对比。盛龙和陆根尧（2013）在测算生产性服务业地级空间尺度的集聚度时使用的算法表达为式（4－6）。为了与该文献进行对比，本章使用绝对空间基尼系数式（4－1）和熵指数式（4－2）同样测算了地级空间尺度的生产性服务业集聚度，结果见表4－7。

$$Gini_k = \left(\frac{2}{n}\right)\sum_{i=1}^{n}(i \times s_{ik}) - \left(\frac{n+1}{n}\right) \qquad (4-6)$$

根据表4－7，利用空间基尼系数的测度结果与利用式（3－3）的测算结果的相关系数大于0.8，其中信息传输、计算机服务和软件业以及金融业的测算结果高度相关。利用熵指数的测算结果与式（4－6）的结果进行对比，相关系数的绝对值均大于0.82，相关程度较高。这进一步说明本书所选择的测算方法——空间基尼系数和熵指数是可靠的。

表4－7　2005～2014年主要年份地级空间尺度上生产性服务业集聚度的测度结果

行业＼年份	2005	2007	2009	2011	2013	相关系数
交通运输、仓储和邮政业	0.62	0.62	0.64	0.65	0.64	0.98
信息传输、计算机服务和软件业	0.6	0.6	0.62	0.64	0.73	1.00
金融业	0.45	0.48	0.49	0.5	0.52	1.00
租赁和商务服务业	0.77	0.74	0.75	0.76	0.76	0.80
科学研究、技术服务和地质勘探业	0.69	0.69	0.71	0.71	0.71	0.91
交通运输、仓储和邮政业	4.75	4.8	4.73	4.66	4.67	－0.90
信息传输、计算机服务和软件业	4.6	4.56	4.47	4.34	4.12	－0.95
金融业	5.23	5.16	5.14	5.07	5.03	－0.99
租赁和商务服务业	3.78	4.13	4.04	4.16	4.16	－0.82
科学研究、技术服务和地质勘探业	4.51	4.46	4.36	4.38	4.41	－0.96
交通运输、仓储和邮政业	0.61	0.61	0.63	0.64	0.63	—
信息传输、计算机服务和软件业	0.6	0.6	0.62	0.63	0.73	—
金融业	0.45	0.47	0.48	0.5	0.51	—
租赁和商务服务业	0.77	0.74	0.75	0.74	0.75	—
科学研究、技术服务和地质勘探业	0.68	0.68	0.7	0.69	0.69	—

注：第1～5行的测算方法基于空间基尼系数（Gini），第6～10行的测算方法基于熵指数（Conc），第11～15行的测算方法借鉴盛龙和陆根尧（2013）的测算方法。篇幅所限，表中仅列出奇数年份测算值。

资料来源：笔者计算整理。

四、与制造业空间集聚度的对比分析

本章还利用空间基尼系数测算了中国制造业 28 个 2 位数行业省级尺度的产业空间集中度（见表 4－8 和表 4－9）。

表 4－8　1998～2010 年主要年份中国制造业部分细分行业产业的空间基尼系数

行业＼年份	1998	2002	2004	2006	2008	2010
农副产品制造业（c13）	0.521	0.578	0.580	0.590	0.572	0.551
饮料制造业（c15）	0.504	0.505	0.492	0.492	0.477	0.487
纺织业（c17）	0.691	0.726	0.752	0.757	0.754	0.738
皮革毛皮羽毛制造业（c19）	0.749	0.780	0.772	0.769	0.755	0.749
家具制造业（c21）	0.656	0.685	0.723	0.726	0.723	0.687
印刷业、记录媒介的复制（c23）	0.577	0.589	0.644	0.628	0.614	0.601
石油加工、炼焦及核燃料加工业（c25）	0.562	0.563	0.550	0.536	0.519	0.496
医药制造业（c27）	0.473	0.457	0.470	0.481	0.493	0.493
橡胶制造业（c29）	0.620	0.676	0.698	0.703	0.705	0.690
非金属矿物制品业（c31）	0.548	0.543	0.571	0.589	0.581	0.545
有色金属冶炼及压延加工业（c33）	0.433	0.422	0.466	0.498	0.522	0.519
通用设备制造业（c35）	0.630	0.667	0.675	0.681	0.668	0.654
交通运输设备制造业（c37）	0.561	0.560	0.546	0.544	0.554	0.550
电子机械及器材制造业（c39）	0.689	0.715	0.731	0.726	0.704	0.681
仪器仪表及文化、办公用机械造业（c41）	0.766	0.739	0.766	0.760	0.736	0.725

注：篇幅所限，正文中仅公布部分行业结果。详细数据见附表。

资料来源：笔者计算整理。

表 4－9　1998～2010 年主要年份中国制造业分行业产业集聚度的演进趋势

行业代码	t	t^2	R－sq	年份	类型
c13	0.020	－0.001	0.916	2005	4
c17	0.177	－0.009	0.908	2006	4
c21	0.026	－0.0015	0.780	2005	4

续表

行业代码	t	t^2	R－sq	年份	类型
c25	—	－0.0006	0.968	2001	4
c29	0.0238	－0.0012	0.936	2009	4
c33	—	—	0.888	2009	0
c37	－0.004	—	0.339	2003	2
c41	—	－0.0006	0.343	2004	4

注：行业代码依据表4－8第一列。“类型”一列中，0表示稳定不变；1表示持续上升型；2表示持续下降型；3表示正“U”形；4表示倒“U”形变动轨迹。空格表示估计参数不能通过显著性检验。详细数据见附录。

资料来源：笔者计算整理。

从表4－8中可以看出，截至2010年底，产业集聚度最高的三个产业分别是化学纤维制造业、文教体育用品制造业、通信设备计算机及其他电子设备制造业；集聚度最低的三个产业分别是石油加工、炼焦及核燃料加工业、医药制造业和饮料制造业。

表4－9从动态的视角考察产业集聚度的变动趋势。其中，28个细分行业中，19个行业的空间集聚度演进趋势呈高度拟合的倒“U”形，即产业先空间集中后空间分散，2004年和2005年是绝大多数产业空间扩散的转折时点，因此，以算术平均值和加权平均值求得的制造业空间集聚度变动趋势表现为显著的倒“U”形，这和生产性服务业集中度持续上升的趋势形成明显对比。如图4－2所示。

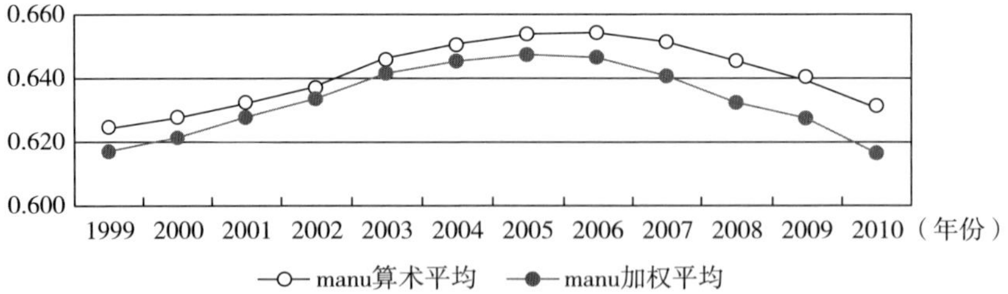

图4－2　1999～2010年中国制造业空间集中度变化趋势

资料来源：笔者绘制。

第二节 中国制造业创新活动的空间集聚特征

本节首先选择和确定创新投入指标、创新中间产出指标、创新最终产出指标，在此基础上利用第一节所选择的集聚度测度方法，对 1997 ~ 2013 年中国制造业全行业和 28 个细分行业创新活动的空间集聚趋势进行了测度分析。

一、研究对象与数据来源

研究对象是 1997 ~ 2013 年中国制造业及细分行业创新活动的集聚度，空间尺度是 31 个省、自治区和直辖市。本章所指的“制造业”不包括采掘业、电力燃气和水的供应业；同时，考虑到工业行业划分标准在 2002 年存在部分调整（由 GB/T 4757—1994 调整为 GB/T 4757—2002），工艺品及其他制造业、废弃资源和废旧材料加工业也不包含在本书的制造业范围内。因此，本书的制造业包含从农副产品加工业（行业代码为 13）到仪器仪表及文化办公用品制造业（行业代码为 41）的 28 个两位数细分行业。

对制造业全行业的创新活动，其数据来自 1998 ~ 2014 年《中国科技统计年鉴》。衡量的是大中型企业的科技活动，本章以科学家和工程师、有科研机构企业、新产品产值来代表制造业中的“创新活动”；对应地，以年末劳动力人数、企业数、总产值三个指标衡量一般意义上的“生产活动”。需要说明的是，这里的“生产活动”包含“创新活动”，是一般意义的企业全部生产活动。也可以这样理解，企业全部的生产活动可以被分解成创新活动和非创新活动。另外，所谓“全行业”，意指把制造业看成一个整体，这是相对于细分行业而言的。之所以这样衡量，是因为《中国科技统计年鉴》仅公布了“各地区制造业的科学家和工程师人数、各地区制造业中有科研机构的企业数、各地区制造业新产品产值”，而没有公布各地区各细分行业两个统计维度的指标。

对于制造业 28 个两位数细分行业的科技或创新活动，其数据来自 1998 ~ 2009 年中国工业企业微观数据库，其衡量的是全部国有及规模以上非国有企业的数据，本章以微观数据库中仅有的创新指标——新产品产值衡量创新活动，对应地，以总产值衡量生产活动。需要说明的是，之所以没有统计 2009 年之后制造业创新活动，是因为我们发现，通过 2009 年以后微观数据库统计得来的各产业新产品产值与根据对应年份《中国科技统计年鉴》公布的各产业新产品产值具有较大出入。而 2009 年及之前年份微观库的统计结果质量较高，对于这一点，吴意云和朱希伟（2015）在研究中国制造业的空间再分散时也已经发现。

为确保数据在跨年份之间可比，利用 2014 年《中国价格统计年鉴》分行业工业品出厂价格指数，将各年价值数据调整为 2003 年可比价格的数据。相关数据来源还包括：2004 年和 2008 年《中国经济普查年鉴》，1998 ~ 2013 年《中国工业经济统计年鉴》等。

本节首先从全行业的视角，即把整个制造业看成一个整体，测算创新的集聚度；考虑到制造业各细分行业具有较强异质性，本书继而考察每个细分行业创新活动的集聚度演进趋势，以检验从全行业观察到的集聚现象和规律在细分行业是否成立。同时，将创新活动的集聚度和生产活动的集聚度进行对比研究，以期回答创新的空间演进和生产的空间演进是否具有一致性的问题。

二、制造业全行业创新活动的空间集聚度

图 4 – 3 报告了 1997 ~ 2013 年中国制造业创新活动和生产活动的绝对空间基尼系数的测度结果。若以创新要素投入代理制造业创新活动，则除个别年份（2004 ~ 2008 年）外，大多数时间内创新活动的集聚度高于生产活动的集聚度。1997 年以来，创新的集聚度持续上升，截至 2013 年已经高达 0.567；而生产的集聚度在 1997 ~ 2004 年持续上升，但 2004 年以后基本保持在 0.528 左右，始终低于创新的集中度；若以创新型企业作为制造业创新活动的代理指标，可以发现：1997 ~ 2005 年，创新的集聚度仅略高于生产的集聚度，但 2005 年以后，创

新活动加速集聚，远高于生产的集聚水平。创新的集聚度持续上升，2013年时高达0.713，但生产的集聚度在2004年以后出现了降低的趋势，同样形成了明显的倒“U”形轨迹；若以新产品产值代理制造业创新活动，则1997～2013年，创新的集聚度始终大于生产的集聚度。创新的集聚度经历了准“N”形趋势，1997～2002年持续上升，随后下降到2009年的0.592，截至2013年底，创新的集聚度再次上升到0.631的较高水平，而生产的集聚度经历了明显的倒“U”形变动趋势，2006年的0.547是其最高集聚度。

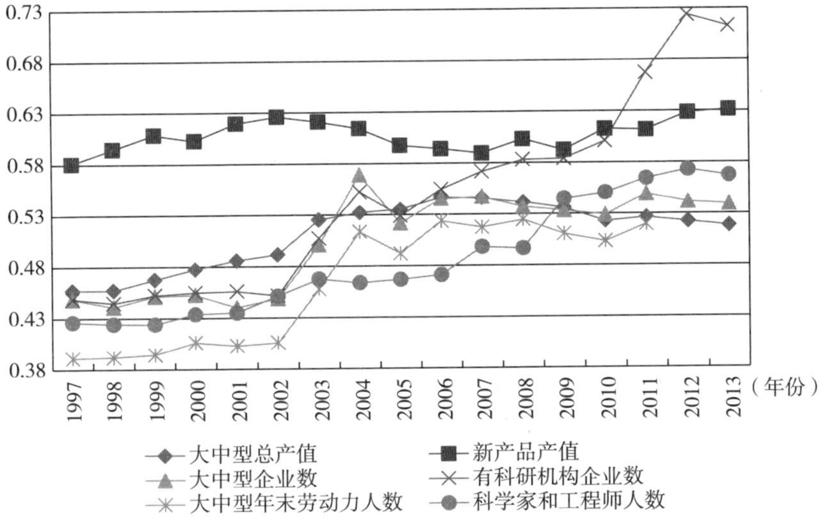

图4－3　1997～2013年基于绝对空间基尼系数（Gini A）的生产活动与创新活动集聚度演进趋势

资料来源：笔者绘制。

表4－10报告了在相同集聚度测算指标下，依据生产活动和创新活动的不同代理变量所测算的集聚度时间序列的相关程度。AGini系数下，使用不同生产活动指标衡量的生产集聚度时间序列的相关系数均大于0.9，因此可以认为，倒“U”形生产集聚度演进趋势得到了来自不同代理变量的高度支持，结果是稳健的；而创新的集聚度方面，以新产品产值测度的集聚度演进趋势为准“N”形上升趋势，但以有科研机构企业和科学家工程师测度的演进趋势为持续上升性。因

此，相关系数较低，且不显著。但依然可以看出，1997～2013 年创新的集聚度整体上呈波动性的上升趋势。为了验证 AGini 系数的可信度，本书还以制造业的 HHI 系数、CR_4 和 CR_6 系数为集聚度测度指标计算生产和创新的集聚度，最终测度结果高度支持根据 AGini 系数所得出的观察。由于篇幅所限，本书仅公布空间 HHI 指数对生产和创新的集聚度测度结果（见图 4－4）。

表 4－10　各代理变量集聚度时间序列的相关系数

代理变量/指标		AGini	HHI	CR_4	CR_6
生产集聚度	总产值	0.906***	0.922***	0.916***	0.829***
	企业数	0.979***	0.963***	0.973***	0.978***
	年末劳动力人数	0.952***	0.941***	0.895***	0.889***
创新集聚度	新产品产值	0.368	0.853***	0.508**	0.874***
	有科研机构企业数	0.950***	0.834***	0.940***	0.942***
	科学家和工程师人数	0.347	0.816***	0.499**	0.788***

注：***、** 分别表示相关系数在 99%、95% 显著性水平下显著不为 0。以 0.906 为例，表示由总产值计算得到的 AGini 时间序列和由企业数计算得到的 AGini 时间序列的线性相关系数，接近于 1，表示不同代理变量计算出来的 AGini 系数具有较强的相关性，集聚度演进趋势不受代理变量的影响。

资料来源：笔者计算整理。

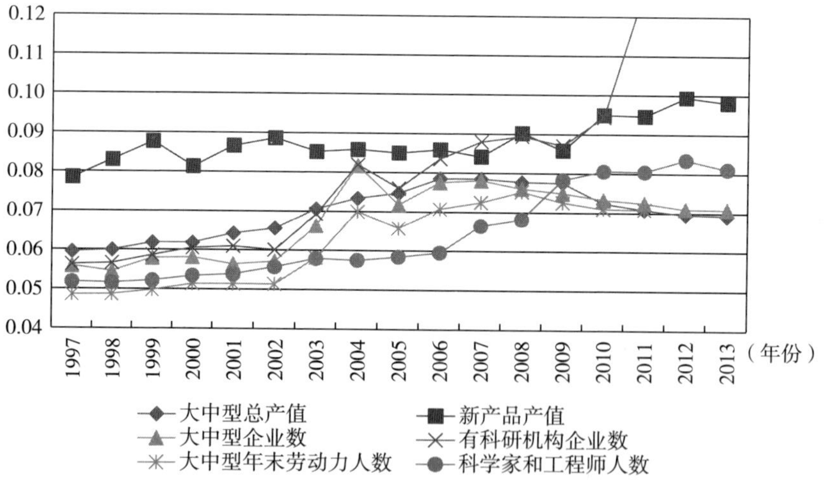

图 4－4　基于空间 HHI 指数的生产活动与创新活动集聚度演进趋势

资料来源：笔者计算整理。

制造业创新活动分布具体分布在什么位置？制造业创新的核心区位发生变化了吗？图4－5回答了这一问题。按地区新产品产值在全国新产品产值中的占比计算，1997年中国制造业创新活动的“核心地区”由上海（14.83%）、江苏（13.99%）、广东（10.82%）和山东（9.32%）组成，四省份共占比48.96%，除辽宁和四川新产品产值占比大于5%外，其余25个省份的占比均低于5%，均值为1.54%；随着创新活动的不断集聚，截至2013年底，17个省份的占比有所上升，且主要分布在东部地区，上升幅度最大的是浙江（8.03%），下降幅度最大的是上海（7.45%），2013年中国制造业创新活动的“核心地区”已经调整为广东（16.40%）、江苏（16.10%）、浙江（12.40%）和山东（10.93%），四省份占比上升到55.84%，比1997年有所提高；除上海（7.38%）、天津（5.31%）外，其余25个省份的占比低于5%，均值下降为1.43%。这说明创新活动“核心区”的核心地位进一步强化了，而“边缘区”的边缘地位也更加明显了（见图4－5）。

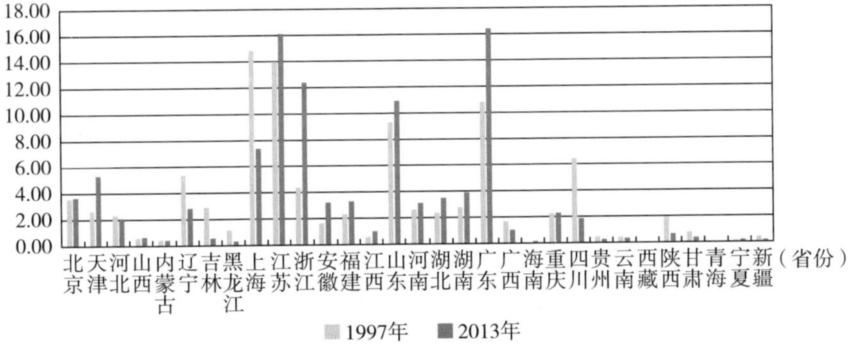

图4－5　1997年和2013年中国制造业创新的空间分布变动情况

资料来源：笔者绘制。

综上研究，初步得出如下结论：第一，1997～2013年，中国制造业大中型企业创新活动的空间集聚度始终高于生产的空间集聚度。第二，1997～2013年，中国制造业大中型企业创新活动的空间集聚度呈波动性上升趋势；而生产的集聚度演进趋势为显著的倒“U”形，2004年左右达到生产活动集聚度的最高点。第三，1997～2013 年中国制造业的创新“核心地”有所调整，上海的创新地位有所下滑，但浙江异军突起。2013 年，创新活动的核心地区由江苏、山东、广东和浙江组成。第四，如果将制造业生产活动区分为研发创新型生产活动和非创新生产活动，1998～2010 年生产活动集聚度经历了倒“U”形演进轨迹，而研发创新活动的集聚度确实持续上升，那么可以倒推出来，导致制造业生产活动集聚度开始下降的直接原因是制造业中非创新活动的集聚度持续下降。

三、制造业细分行业创新活动的空间集聚度

由于不同细分行业在发展阶段、开放度、市场化程度以及规模报酬水平等方面存在较强异质性，我们不禁要问：针对制造业全行业所得出的结论在不同细分行业同样成立吗？本书在构建 1998～2009 年 28 个细分行业各省的总产值（代表生产活动）和新产品产值（代表创新活动）数据库的基础上利用不同的集聚度测算指标进行了测度，以期回答上述问题。

从表 4－11 中可以看出，无论使用绝对空间基尼系数测算还是相对空间基尼系数指标测算，制造业 28 个细分产业中，除通信设备、计算机及其他电子设备制造业（产业代码为 40）和仪器仪表及文化、办公用机械制造业（产业代码为 41）2 个产业外，其他 26 个产业的创新活动集聚度在 1998～2009 年 12 年中始终高于生产集聚度。这和全行业的观察结果是相似的。之所以创新的活动集聚度始终高于生产活动的集聚度，主要是因为创新活动比生产活动更依赖集聚外部性，或集聚外部性对创新活动的作用和意义远大于对生产活动的作用。具体而言，地区专业劳动市场（由地区的高校、科研院所和企业研发部门组成）、地区专业中间品市场（地区高度发达的生产性服务业，例如风险投资、银行和证券等金融机构、会计、法律以及咨询等中介机构）和知识外溢给创新活动带来的正外部性效应更大；而生产活动，尤其是新产品之外成熟型产品的生产更加关注的是初级劳动力成本、土地成本，以及环境成本，其从集聚外部性中获得的成本节约更低，甚至微乎其微。另外，两种活动对地区制度和文化发展水平的要求也存在较大差

异，创新活动的发展更加需要公平竞争和优胜劣汰的市场环境，更加需要宽松、自由、兼收并蓄、鼓励个性发展和创造的文化氛围，以深圳为代表的东南沿海的部分先发城市在这方面具有绝对优势。

为了更加准确地判定每个行业12年的集聚度演进趋势，本书将每个细分行业1998~2009年的集聚度对时间项进行线性回归，从表4-11中可以看出，以AGini（绝对空间基尼系数）衡量，28细分行业中有16个行业的创新活动集聚度演进趋势属于持续上升型；4个行业属于持续下降型；1个行业属于正“U”形；7个行业属于其他类型，即无较为规则的变动轨迹。

表4-11 1998~2009年制造业细分行业创新活动的集聚度演进趋势

行业代码	AGini 指标		相关系数			CGini	创新的集聚度	
	演进趋势	拟合优度	Agini - CR4	Agini - HHI	AGini - CGini		基于 AGini	基于 CGini
c13	0	—	0.695	0.804	0.626	—	1	1
c15	0	—	0.855	0.711	0.510	—	1	1
c17	1	0.928	0.992	0.971	0.963	—	1	1
c19	1	0.620	0.991	0.952	0.895	—	1	1
c21	1	0.290	0.943	0.782	0.524	—	1	1
c23	0	—	0.969	0.629	0.609	—	1	1
c25	0	—	0.910	0.800	0.679	—	1	1
c27	1	0.563	0.919	0.892	0.611	—	1	1
c29	1	0.858	0.938	0.970	0.886	—	1	1
c31	1	0.746	0.976	0.991	-0.32	0	1	1
c33	1	0.758	0.975	0.974	0.935	—	1	1
c35	2	0.620	0.950	0.917	0.778	—	1	1
c37	2	0.774	0.977	0.941	0.732	—	1	1
c39	2	0.692	0.704	0.957	0.855	—	1	1
c41	1	0.196	0.839	0.901	0.356	0	0	0
制造业	1	0.704	0.970	0.899	0.891	—	1	1

注：行业代码参见表4-8。“演进趋势”一列中“1”表示持续集中，“2”表示持续分散，“3”表示“U”形趋势，“4”表示倒“U”形趋势，“0”表示其他类型。“拟合优度”为调整的R^2，当t和t^2的回归系数均不显著时，集聚度无明显时间趋势，拟合优度极低甚至为负值；“aver”表示28个产业集聚度的平均值。最后两列中，“1”表示创新的集聚度始终高于生产的集聚度，“0”表示创新的集聚度低于生产的集聚度。详细数据参见附录。

资料来源：笔者计算整理。

AGini 系数测度的演进趋势是否可信？本书在计算 HHI 系数、CR_4 指数和 CGini 系数（相对空间基尼系数）的基础上分析不同集聚度指标测度结果的相关系数（见表 4－11）。对比发现：在绝大多数行业，AGini 系数、HHI 系数和 CR4 系数之间的相关系数均大于 0.9；AGini 系数和 CGini 系数仅在 5 个行业的相关系数较低，食品制造业和木材加工及木、竹、藤、棕、草制品业在 CGini 系数的测度下表现为倒“U”形，非金属矿物制品业、黑色金属冶炼与压延加工业、仪器仪表及文化、办公用机械制造业 3 个行业表现为其他型。以上稳健性检验表明，不同集聚度指标测度的创新集聚度演进趋势基本保持一致，AGini 系数的测度结果比较可信。可以得出结论：1998～2009 年中国制造业 28 个细分行业，多数行业（16 个）的创新集聚度演进趋势是持续上升型的；以各细分行业集聚度平均值衡量的中国制造业的创新集聚度趋势表现为明显的持续上升型。

从表 4－12 中可以看出，根据 AGini 系数的计算结果，与创新活动集聚度的演进趋势显著不同，1998～2010 年没有行业的生产活动集聚度演进趋势表现为显著的持续上升型，1 个行业（交通运输设备制造业）表现为持续下降型，1 个行业（烟草制造业）表现为正“U”形，19 个行业表现为显著的倒“U”形。本书同样计算了 HHI 系数、CR_4 指数以及 CGini 系数，并计算了四种指标测度结果的相关系数，稳健性检验表明：AGini 系数、HHI 系数和 CR_4 指数的测度结果具有较强的一致性；而 12 个行业的 CGini 系数的测度结果与 AGini 系数存在差异。出现这样的差异，主要原因是 AGini 系数在测算时将各地区同等看待，但 CGini 系数认为应该考虑各地区在整体经济中的地位，相关文献通常根据进一步研究的问题而选择不同的集聚度指标，但本书重点在于考察集聚的特征性事实，因此两种指标的测度结果均报告。

综合各项指标的测度结果，可以得出结论：1998～2010 年中国制造业 28 个细分行业，绝大多数行业（AGini 系数认为 22 个，CGini 认为 18 个）生产活动的集聚度演进趋势为倒“U”形；以各细分行业集聚度平均值衡量的中国制造业的生产集聚度演进趋势表现为明显的倒“U”形。

表 4-12 1998~2010 年制造业细分产业生产活动的集聚度演进趋势

行业代码	AGini 指标		相关系数			CGini 指标
	演进趋势	拟合优度	Agini-CR4	Agini-HHI	AGini-CGini	
c13	4	0.916	0.84	0.96	0.93	—
c15	0	0.645	0.54	0.66	-0.76	1
c17	4	0.908	0.99	0.98	0.95	—
c19	4	0.792	0.96	0.87	-0.13	1
c21	4	0.796	0.96	0.93	0.90	—
c23	4	0.644	0.99	1.00	0.92	—
c25	4	0.968	0.87	0.96	0.41	—
c27	0	0.735	0.90	0.98	0.44	4
c29	4	0.936	0.99	0.95	0.68	—
c31	4	0.437	0.97	0.99	0.79	—
c33	0	0.877	0.96	1.00	0.38	4
c35	4	0.918	0.77	0.57	-0.13	2
c37	2	0.257	0.93	0.92	0.49	4
c39	4	0.898	0.91	0.98	0.81	—
c41	4	0.343	0.86	0.71	0.49	2
制造业	4	0.817	1.00	0.99	0.88	—

注：行业代码参见表 4-8。“演进趋势”一列中“1”表示持续集中，“2”表示持续分散，“3”表示“U”形趋势，“4”表示倒“U”形趋势，“0”表示其他类型；“aver”表示各产业集聚度的算术均值；“CGini 指标”一列中的空格表示根据 CGini 系数测度的结果和 AGini 系数测度的结果相同。“拟合优度”为调整的 R^2，当 t 和 t^2 的回归系数均不显著时，集聚度无明显时间趋势，拟合优度极低甚至为负值。篇幅所限，正文仅公布部分行业数据，详细数据见附录。

资料来源：笔者计算整理。

第三节 中国生产性服务业集聚动因的实证检验
——基于系统 GMM 方法

本节建立适当的计量模型，采用 2003~2013 年中国 30 个省、直辖市、自治区（缺乏西藏、中国香港、中国澳门和中国台湾地区数据）区域的相关数据和系统广义矩估计方法（系统 GMM），对第三章第一节所提出的生产性服务业集聚动因进行实证检验和稳健性分析。

一、模型设计与计量方法选择

由于生产性服务业仅有 5 个行业层面的数据，建立行业—时间面板进行回归分析时会带来以下问题：其一，样本数量过少，仅为 5 个行业与 2003 ~ 2013 年版数据，共 55 个数据；其二，有关生产性服务业行业层面的指标过少，不能有效获取有关解释变量，导致大量数据需要进行插值计算，误差较大；其三，面板时间序列问题需要重点解决，但由于时限仅为 2003 ~ 2013 年，因此，平稳性检验的误差较大，检验结果可信度较低。这些问题将最终导致行业—时间面板的回归结果可信度较低，稳健性较差。因此，与主流文献的做法一致，本书将选用省级地区（30 个）—时间（11 年）面板进行分析。

与已有相关文献（陈建军等，2009；盛龙和陆根尧，2013）不同的是，本书使用的是 30 个省级地区数据，并未使用样本个数更多（通常为 280 个左右）的地级市数据。之所以这样选择，主要是基于两方面的考虑：一方面是地级市数据对生产性服务业的统计口径较小，仅包含各地区城镇单位就业，不包含个体和私营企业就业。这一问题已经在本章第一节中详细论述，这里不再赘述。另一方面，《中国城市统计年鉴》虽然进一步扩大了样本数量，但提供的相关指标较少，不能满足本章第二节机制机理分析中对相关指标的代理要求。例如，各地区的法治化水平或契约维护程度，《中国城市统计年鉴》并不能提供有关的代理变量。为了解决这一问题，本书只能从 2004 ~ 2014 年 30 省的统计年鉴中逐一获得相关数据。

考虑到静态模型自身及在解释产业空间集聚问题时所具有的三点不足：一是各解释变量对产业空间集聚度的影响是瞬间发生的，这很显然不符合实际情况；二是模型以外变量将导致内生性问题；三是生产性服务业的空间集聚存在一定的循环累积效应和反馈效应，即当前的产业集聚可能通过马歇尔外部性导致未来的进一步集聚。为了高效解决以上三点问题，本书将构建加入被解释变量滞后一期的动态面板模型。同时，在加入滞后被解释变量之后，为了有效地克服组内估计量（FE）所带来的“动态面板偏差”问题，本书主要采用系统 GMM 两步法。在广义矩估计方法中，Roodman（2009）认为，系统广义矩估计可以克服差分广义矩估计中可能存在的弱工具变量问题，因此，估计效率更高。此外，系统 GMM 两步法适合于截面样本多而时间跨度短的面板类型。本书的面板结构为 30 个省级地区和 2003～2013 年数据，符合这一类型。因此，设定如下计量模型（4－7）：

$$\ln y_{rt} = \partial_0 + \partial_1 \ln y_{rt-1} + \partial_2 \ln X_{rt} + \mu_{rt} \tag{4-7}$$

其中，y_{rt}表示 t 时期 r 省级地区生产性服务业的集聚度，y_{rt-1}表示 t－1 时期 r 省级地区生产性服务业的集聚度，X_{rt}表示解释变量集，μ_{rt}为随机扰动项，α_0、α_1 和 α_2 分别为待估参数。

二、变量定义和数据来源

生产性服务业的集聚度。对于地区层面的集聚度，不同文献的衡量方法差异较大。主要包括两种：

一是份额法（文玫，2004；金煜等，2006），即各地区生产性服务业就业人数在全国所占比重来衡量，如式（4－8）所示。份额越大，生产性服务业的相对集聚程度越大。陈建军等（2009）使用各地生产性服务业就业人数与各省生产性服务业平均从业人数的比值来衡量，如式（4－9）所示。比值越大，生产性服务业的相对集聚度就越大。但对比发现，如式（4－9）所示的衡量方法仅是在式（4－8）的基础上乘以地区数，因此，本质上同样为份额法。

$$y_{rt} = \frac{L_{rt}}{L_t} \tag{4-8}$$

$$y_{rt} = \frac{L_{rt}}{L_t/n} \tag{4-9}$$

其中，L_{rt}表示 r 省份 t 时期的生产性服务业从业人数；L_t 表示 t 时期全国生产性服务业就业人数。n 表示省份数。

二是区位商方法（顾乃华，2011；宣烨，2012；盛丰，2014），即 r 省份生产性服务业就业在全国生产性服务业的占比除以 r 省份经济就业人数在全国经济就业人数中的占比，如式（4－10）所示。地区的生产性服务业区位商越大，说明生产性服务业在该地区的相对集聚程度越大。

$$y_{rt} = \frac{L_{rt}/L_t}{N_{rt}/N_t} \tag{4-10}$$

其中，N_{rt}表示 r 省份 t 时期经济就业人数；N_t 表示 t 时期全国经济就业人数。本章使用式（4－9）和式（4－10）作为地区生产性服务业相对集聚度的衡量指标。

$rehum_{rt}$表示 t 时期 r 省份专业劳动市场或人力资本市场的相对发展程度。首先，计算出全国和 30 个省份专业劳动市场或人力资本的绝对发展程度，方法是用当地不同学历程度人数占当地 6 岁及以上人口数的比例作为权重，对受教育年限进行加权平均。“不识字”为 0 年，“小学”为 6 年，“初中”为 9 年，“高中”为 12 年，“大专及以上”为 15 年（顾乃华等，2006；朱平芳和徐大丰，2007）；其次，用 30 个省份的绝对数值除以全国水平，得到各省份专业劳动市场的相对发展程度。

$respi_{rt}$表示 t 时期 r 省份的相对知识溢出和信息外溢程度。由于密度和距离是影响一定空间内知识外溢的重要因素。一定空间范围内，相关从业人员的密度越大，知识和信息溢出的可能性就越大；人与人之间的距离则越近，非编码化的缄默知识流通的可能性越高。因此，首先计算全国和 30 个省份每万平方千米生产性服务业就业人数，以此表示各省份的外溢程度；其次，用 30 个省份绝对外溢程度除以全国水平，得到各省份在知识外溢方面的相对大小程度。

sca_{rt}表示 t 时期 r 省份的生产性服务业的规模报酬递增程度。与衡量制造业的规模报酬递增程度的方法相同（路江涌和陶志刚，2007），本书使用单位企业增加值来衡量生产性服务业的规模报酬递增程度。需要说明的是，由于缺乏各省份生产性服务业的增加值和企业数的数据，在仅可以获得各省份服务业增加值和服务业企业数的情况下，是否可用服务业平均规模代替生产性服务业平均规模？我们利用《中国统计年鉴》相关数据发现：2004～2013年中国生产性服务业平均规模的时间序列和服务业平均规模的时间序列的线性相关程度高达0.85。这说明，使用服务业平均规模代替生产性服务业平均规模具有一定的可行性，因此，本书利用服务业平均规模代替生产性服务业平均规模，考察规模报酬递增的影响。

$recom_{rt}$表示t时期r省份的相对信息化程度。已有文献通常使用各地人均邮电业务量除以全国平均水平来衡量，但由于2011年起《中国统计年鉴》“邮电业务总量”的统计口径发生较大变化，因此，本书使用2003～2013年统计口径较为一致的互联网普及率指标。具体计算方法为各省份互联网普及率除以全国平均水平。

本地市场规模（dem）的衡量同样采用式（4－8）和式（4－10）的方法。根据式（4－8），本地市场规模的大小采用地区制造业就业份额（dem01）、地区制造业非R&D人员从业份额（dem02）和制造业R&D人员份额（dem03）来衡量。根据式（4－10），本地市场规模采用地区制造业就业区位商（dem04）、地区制造业非R&D人员就业区位商（dem05）和制造业R&D人员区位商（dem06）来衡量。

$remar_{rt}$表示t时期r省份的相对市场化程度。首先，计算全国及30个省份的市场化程度。借鉴已有文献的通行做法，使用地区私营和个体就业人数在地区城镇单位、私营和个体就业人数中的占比来衡量。其次，用各地的市场化程度除以全国水平，得到各地的相对市场化程度。$relaw_{rt}$表示t时期r地区的相对契约维护程度或相对法治化水平。皮天雷（2010）和刘孝斌（2014）使用各省份每万人所拥有的执业律师数来衡量各省份的契约维护程度。本书通过将各省份每万人对应的执业律师数除以全国水平得到相对契约维护程度。本书的数据来源主要包括2006～2014年《中国第三产业统计年鉴》、2004～2014年《中国城市统计年鉴》

《中国统计年鉴》，以及各省 2004 ~ 2013 年统计年鉴。变量的描述性统计结果如表 4 – 13 所示。

表 4 – 13　变量的描述性统计

变量名称	指标名称	样本数	均值	标准差	最小值	最大值
y1	生产性服务业集聚度（份额法）	330	1.002	0.742	0.077	3.457
y2	生产性服务业集聚度（区位熵法）	330	1.021	0.419	0.588	2.938
rehum	专业劳动市场的相对发达程度	330	1.022	0.108	0.769	1.374
respi	知识溢出的相对程度	330	7.341	20.237	0.034	111.408
sca	规模报酬递增水平	330	0.025	0.008	0.008	0.048
recom	相对信息化水平	330	1.060	0.562	0.344	4.443
dem01	制造业集聚（份额法）	330	1.000	1.078	0.035	5.069
dem02	制造业非创新集聚（份额法）	330	1.000	1.079	0.035	5.084
dem03	制造业创新集聚（份额法）	330	1.000	1.055	0.015	5.360
dem04	制造业集聚（区位熵法）	330	0.842	0.358	0.185	1.821
dem05	制造业非创新集聚（区位熵法）	330	0.843	0.358	0.183	1.823
dem06	制造业创新集聚（区位熵法）	330	0.842	0.406	0.078	2.430
remar	相对市场化程度	330	0.964	0.152	0.598	1.483
relaw	相对法治化水平或契约维护程度	330	1.171	1.254	0.258	8.917

资料来源：笔者计算整理。

三、实证检验结果

表 4 – 14、表 4 – 15 和表 4 – 16 分别公布了使用不同集聚度测度指标情况下的回归结果。表 4 – 14 使用份额法，即式（4 – 9）衡量生产性服务业集聚和本地市场规模效应；表 4 – 15 使用的是区位商法，即式（4 – 10）衡量生产性服务业集聚，同时使用份额法衡量本地市场规模效应；表 4 – 16 使用区位商法衡量生产性服务业集聚和本地市场规模效应。

表 4 – 14　基于系统 GMM 两步法的模型检验结果（一）

被解释变量：y^1	模型（4 – 1）		模型（4 – 2）		模型（4 – 3）	
	系数	标准误	系数	标准误	系数	标准误
L1. y^1	0. 862 ***	0. 041	0. 861 ***	0. 041	0. 852 ***	0. 067
rehum	0. 020	0. 164	0. 029	0. 169	– 0. 166	0. 140
respi	0. 000	0. 000	0. 000	0. 000	0. 000	0. 000
sca	– 0. 981	0. 873	– 1. 007	0. 882	– 0. 581	0. 932
recom	– 0. 014	0. 032	– 0. 015	0. 032	0. 024	0. 028
dem01	0. 065 ***	0. 024	—	—	—	—
dem02	—	—	0. 065 ***	0. 024	—	—
dem03	—	—	—	—	0. 064 **	0. 029
remar	0. 135 **	0. 062	0. 135 **	0. 062	0. 145 **	0. 061
relaw	0. 056 ***	0. 013	0. 056 ***	0. 013	0. 059 **	0. 024
_ cons	– 0. 108	0. 155	– 0. 116	0. 159	0. 025	0. 136
样本数	330	—	330	—	330	—
AR（1）（P 值）	– 2. 72	0. 041	– 2. 04	0. 041	– 2. 02	0. 043
AR（2）（P 值）	1. 58	0. 113	1. 59	0. 112	1. 46	0. 144
Sargan（P 值）	130. 82	0. 320	131. 15	0. 313	137. 58	0. 174

注：***、** 和 * 分别表示在 1%、5% 和 10% 显著性水平上拒绝原假设。标准误为校准后的稳健标准误。AR（P 值）表示相应的 z 值和 p 值。

资料来源：笔者整理计算。

表 4 – 15　基于系统 GMM 两步法的模型检验结果（二）

被解释变量：y^2	模型（4 – 4）		模型（4 – 5）		模型（4 – 6）	
	系数	标准误	系数	标准误	系数	标准误
L1. y^1	0. 670 ***	0. 070	0. 667 ***	0. 071	0. 639 ***	0. 086
rehum	0. 372 ***	0. 135	0. 385 ***	0. 137	0. 466 ***	0. 148
respi	0. 001 *	0. 001	0. 001 *	0. 001	0. 001	0. 001
sca	– 1. 272	0. 787	– 1. 301	0. 792	– 1. 125	0. 755
recom	– 0. 010	0. 020	– 0. 010	0. 020	– 0. 012	0. 021

续表

被解释变量：y^2	模型（4－4）		模型（4－5）		模型（4－6）	
	系数	标准误	系数	标准误	系数	标准误
dem01	－0.026	0.031	—	—	—	—
dem02	—	—	－0.025	0.031	—	—
dem03	—	—	—	—	－0.040 *	0.021
remar	0.025	0.086	0.021	0.087	0.041	0.069
relaw	0.070 ***	0.015	0.070 ***	0.016	0.075 ***	0.019
_cons	－0.087	0.133	－0.095	0.133	－0.165	0.155
样本数	330	—	330	—	330	—
AR（1）（P 值）	－2.71	0.007	－2.71	0.007	－2.68	0.007
AR（2）（P 值）	1.51	0.132	1.50	0.132	1.49	0.136
Sargan（P 值）	124.10	0.481	123.37	0.499	131.04	0.293

注：***、** 和 * 分别表示在 1%、5% 和 10% 显著性水平上拒绝原假设。标准误为校准后的稳健标准误。AR（P 值）表示相应的 z 值和 p 值。

资料来源：笔者整理计算。

表 4－16　基于系统 GMM 两步法的模型检验结果（三）

被解释变量：y^2	模型（4－7）		模型（4－8）		模型（4－9）	
	系数	标准误	系数	标准误	系数	标准误
L1. y^2	0.601 ***	0.083	0.605 ***	0.081	0.566 ***	0.086
rehum	0.483 ***	0.174	0.483 ***	0.165	0.683 ***	0.188
respi	0.001 **	0.001	0.001 **	0.001	0.001 **	0.001
sca	－1.816	1.026	－1.787	0.956	－2.233	0.910
recom	－0.008	0.027	－0.010	0.027	－0.020	0.023
dem04	－0.052	0.093	—	—	—	—
dem05	—	—	－0.039	0.084	—	—
dem06	—	—	—	—	－0.061	0.042
remar	－0.025	0.067	－0.017	0.068	－0.029	0.072
relaw	0.078 ***	0.018	0.077 ***	0.017	0.082 ***	0.019
_cons	－0.065	0.187	－0.082	0.172	－0.206	0.165

续表

被解释变量：y^2	模型（4-7）		模型（4-8）		模型（4-9）	
	系数	标准误	系数	标准误	系数	标准误
样本个数	300	—	300	—	300	—
AR（1）（P值）	-2.72	0.007	-2.72	0.007	-2.73	0.006
AR（2）（P值）	1.45	0.147	1.46	0.143	1.47	0.142
Sargan（P值）	133.18	0.271	132.86	0.277	104.58	0.306

注：***、**和*分别表示在1%、5%和10%显著性水平上拒绝原假设。标准误为校准后的稳健标准误。AR（P值）表示相应的z值和p值。

资料来源：笔者整理计算。

采用系统GMM两步法对实证模型进行参数估计，得到表4-14至表4-16的实证检验结果。整体来看，模型（4-1）至模型（4-9）的残差均存在一阶自相关，同时不存在二阶自相关，符合AB检验的要求。Sargan统计量对应的p值均大于0.05，这说明，各个模型所采用的工具变量是合理的，不存在工具变量的过度识别问题，模型选择是合理的。

观察模型（4-1）至模型（4-9）的回归结果，可以发现，滞后一期被解释变量的系数为正，且高度显著。这说明生产性服务业过去的集聚状态对当前和未来的集聚存在较大的正向影响，集聚的循环累积因果效应是存在的。

地区专业劳动市场的（rehum）和本地知识溢出效应（respi）在多数模型中模型（4-4）至模型（4-9）显著为正，这说明马歇尔外部性对生产性服务业集聚具有显著的促进作用。

新经济地理学所强调的规模报酬递增（sca）和冰山交易成本（recom）对生产性服务业集聚的影响程度较低。可能的原因有以下两点：其一，使用服务业平均规模代替生产性服务业平均规模的做法在一定程度上低估了生产性服务业的平均规模，从而导致了回归结果偏误。观察国家层面的数据可知，2013年底中国生产性服务业企业数占服务业企业数仅为23.32%，但却贡献了服务业增加值的36.66%。其二，新经济地理学模型中所强调的信息化程度或“冰山交易成本”

指的是一个区域与另一个区域之间的冰山交易成本，而在大量实证研究中，由于难以获得区际的交易成本，仅能用一个区域自身的交易成本代替区际交易成本，假设当一个区域自身内部的交易成本降低了，这个区域与另一个区域的交易成本也会随之降低，这样，指标欠缺所导致的测量偏误可能是不显著的重要原因。这一基本结论与陈建军等（2009）和盛龙等（2013）的发现是一致的。

本地市场规模效应，无论是来自制造业非创新活动，还是制造业创新活动，对生产性服务业集聚的影响在模型（4－1）至模型（4－3）中显著为正，但在模型（4－4）至模型（4－9）中并不显著。

制度方面，区域市场化程度（remar）、区域法治水平或契约保护水平（relaw）在多数模型中对生产性服务业空间集聚具有正向显著影响。

从本章第一节的统计性描述可知，中国生产性服务业的空间集聚度逐年提高，北京、山东、江苏、上海和广东五个省份逐步发展成为中国生产性服务业的核心地区。为什么生产性服务业越来越集中于这些地区？为什么广大的中西部地区在生产性服务业的布局中被边缘化了？上述实证研究对这一问题进行了较为系统的回答。

可能的原因包含以下几个方面：

第一，在历史因素、优越的区位条件、“一部分人先富起来”等区域非平衡发展战略的支持下，这些地区率先走向工业化中后期，甚至达到后工业化发展阶段，中国生产性服务业首先在这些地区发展和实现空间集聚。在循环累积效应的作用下，生产性服务业企业进一步向这些地区集聚。

第二，核心地区的人力资本优势不断得到强化。从图4－6中可以看出，2003～2013年中国30个省份的人力资本的年均增速均为正值，即人力资本水平都有所增长，但也可以看出核心地区的年均增速依然普遍快于大多数中西部广大省份。北京、山东、江苏和广东的人力资本年均增速分别高达1.52%、1.29%、2.05%和1.43%。由于上海的人力资本绝对水平较高，因此增速较低。大部分中西部省份不仅人力资本绝对水平低于核心地区，而且，年均增速普遍较低。河北、

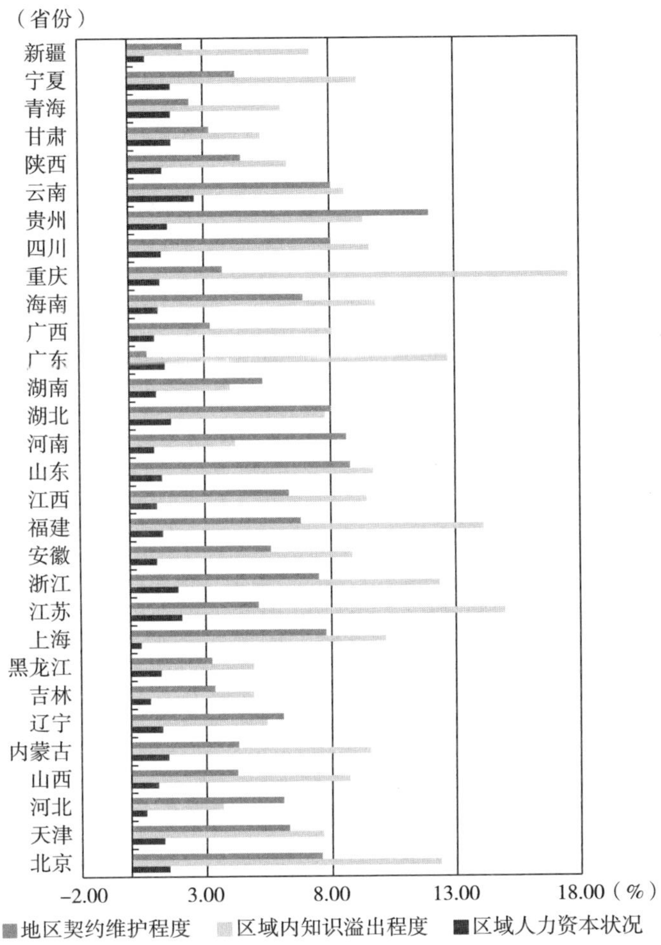

图4-6 2003~2013年各省份解释变量的年均增速情况

资料来源：笔者绘制。

山西、江西、安徽、湖南等地的年均增速仅为0.61%、1.09%、1.09%、1.07%和1.07%。仅有个别中西部地区的年均增速快于核心地区，但这主要是因为2003年人力资本的基期水平比较低导致的。

第三，从本地知识溢出情况来看，核心地区的优势也在进一步强化。除福建、重庆两地的服务业从业人员密度年均增速分别高达14.14%和17.56%之外，其余中西地区的年均增速均低于核心地区的年均增速。这就意味着，发生在核心地区的知识溢出不仅绝对值高于广大中西部地区，而且正在不断加速和强化这种溢出效应。

第四，核心地区契约维护制度和法治化水平更加完善，优势在 2003～2013 年更加突出。北京、山东、江苏和上海的每万人执业律师数年均增速分别高达 7.57%、8.76%、5.09%和 7.78%，高于绝大多数中西部地区的年均增速。

第四节　生产性服务业集聚与制造业创新集聚互动关系的实证研究

本节选择 2003～2013 年 30 个省级行政区划（缺失西藏、中国香港、中国澳门及中国台湾地区数据）的相关数据，通过构建联立方程组模型对生产性服务业集聚与制造业创新集聚的正向互动关系进行实证检验。

一、联立方程组模型设定

根据第三章第二节的机理分析，我们得到了两个研究假说，即生产性服务业集聚对于制造业非创新活动和创新活动的空间集聚具有不同的净综合效应。但第三节的部分研究表明，生产性服务业的空间布局和制造业，无论是制造业创新活动还是非创新活动的空间布局都是相互影响的。陈建军和陈菁菁（2011）以浙江省 69 个城市和地区为例进行的研究，也进一步支持了生产性服务业和制造业之间具有协同定位关系。建立单一方向的方程无法描述这种复杂的相互关系，为了更加精确有效地将这种相互关系表达出来，我们将使用联立方程组来解决这一问题。联立方程组的核心变量由三方面构成，即制造业创新活动集聚、制造业非创新活动集聚以及生产性服务业集聚，这也是模型的三个内生变量。具体表达式为式（4－11）至式（4－13）。

$$Y^1_{rt} = \partial_0 + \partial_1 Y^3_{rt} + \partial_2 X^1_{rt} + \nu_{rt} \qquad (4-11)$$

$$Y_{rt}^{2} = \beta_0 + \beta_1 Y_{rt}^{3} + \beta_2 X_{rt}^{2} + \mu_{rt} \tag{4-12}$$

$$Y_{rt}^{3} = \gamma_0 + \gamma_1 Y_{rt}^{1} + \gamma_3 X_{rt}^{3} + \varepsilon_{rt} \tag{4-13}$$

Y_{rt}^{1}表示 r 地区 t 时期制造业创新活动的相对集聚度；Y_{rt}^{2}表示 r 地区 t 时期制造业非创新活动的相对集聚度；Y_{rt}^{3}表示 r 地区 t 时期生产性服务业的相对集聚度。X_{rt}^{1}表示影响制造业创新活动空间集聚的其他控制变量集，X_{rt}^{2}表示影响制造业非创新活动空间集聚的其他控制变量集，X_{rt}^{3}表示影响生产性服务业集聚的其他控制变量集。ν、μ 和 ε 为随机扰动项。

如果假说 1 成立，即生产性服务业空间集聚能够促进制造业创新活动在其周围集聚，那么我们预期 α_1 将显著为正；如果假说 2 成立，即生产性服务业空间集聚对制造业非创新活动的空间集聚的挤出效应大于集聚效应，从而迫使制造业非创新活动向周边地区和中西部地区扩散，那么我们预期 β_1 将显著为负。第三章对生产性服务业空间集聚成因的研究已经表明，制造业创新活动能够在一定程度上吸引生产性服务业集聚，因此我们预期 γ_1 显著为正。

二、变量选择与指标定义

核心变量选择与定义。根据模型设定，核心解释变量为制造业创新活动集聚、制造业非创新活动集聚以及生产性服务业集聚。本节选用区位商法对其进行衡量，表达式详见式（4－14）至式（4－16）。

$$Y_{rt}^{1} = \frac{rdl_{rt}/rdl_{t}}{e_{rt}/e_{t}} \tag{4-14}$$

$$Y_{rt}^{2} = \frac{l_{rt}/l_{t}}{e_{rt}/e_{t}} \tag{4-15}$$

$$Y_{rt}^{3} = \frac{serl_{rt}/serl_{t}}{e_{rt}/e_{t}} \tag{4-16}$$

其中，rdl_{rt}表示 r 地区 t 时期制造业研发人员数，rdl_{t} 表示 t 时期全国制造业研发人员数。l_{rt}表示 r 地区 t 时期制造业从业人员中非研发人员数；l_{t} 表示全国 t

时期制造业从业人员中非研发人员数。e_{rt}表示 r 地区 t 时期经济就业人数（包含城镇单位、私营和个体就业人数），e_t 表示 t 时期全国经济就业人数。来自各年《中国统计年鉴》《中国第三产业统计年鉴》及《中国科技统计年鉴》。

式（4－11）中的控制变量选择。被解释变量是区域制造业创新活动相对集聚度。其一，新古典经济学所强调的本地知识溢出效应（reinspill）。制造业创新活动属于知识和技术密集型产业，研发人员和研发活动的空间集聚能够加强正式与非正式的交流活动，有助于非编码化信息或缄默知识的传播与共享。我们使用地区制造业研发人员空间密度除以全国制造业研发人员空间密度来衡量地区相对的知识溢出程度。其中，研发人员空间密度是指每万平方千米制造业研发人员的数量。其二，新经济地理学所强调的冰山交易成本。针对制造业创新活动集聚，指的是区域相对的信息化程度（recom）。根据信息传播的距离衰减规律，距离越远，信息传播的成本就高，获得知识溢出的可能性更低。交易成本或信息化程度的提高，使集聚力大于分散力，最终促进经济活动向已有的集聚地进一步集中。具体衡量方法与第三章第三节中的衡量方法保持一致。其三，区域相对开发度（reopen）。地区开放度越高，企业越容易通过进出口贸易获得关于国外市场需求取向、产业技术前沿、研发趋势以及研发组织与管理经验，这在一定程度上降低了开发地研发活动的搜寻成本和研发不确定性。因此，区域开放度越高，制造业研发活动集聚度越高。我们使用各地区进出口占当地 GDP 份额除以全国层面进出口占 GDP 份额的比例来衡量各地区的相对开放度。大于 1 表示地区开放度大于全国平均水平；相反，小于 1 则表示开放度低于全国平均水平。

式（4－12）中的控制变量选择。被解释变量是区域的制造业非创新活动相对集聚度。与创新活动相比，非创新活动的知识和技术密集度更低，以原材料、土地和初级劳动力为代表的简单要素投入时期生产过程的主要投入品，同时也构成了生产成本的主要组成部分。因此，影响制造业非创新活动区位选择的因素和影响制造业创新活动区位选择的因素存在很大差异。根据相关文献的思路，我们选择如下控制变量：其一，新经济地理学强调的冰山运输成本（retran）。由于《2007 年中国统计年鉴》对公里营业里程的统计口径进行了调整，因此，2006 年之后年份与之前年份具有不可比性，因此。我们不使用公里里程数指标，而使用各年度统计的高速路、一级路和二级路里程指标。具体计算方法为首先计算各地区和全国人均高等级公路里程数，其中高等级公路是高速路、一级路和二级路里程数之和。再用各地区人均高等级公路数除以全国水平，得到各地区相对运输便捷度。大于 1 表示该地区的人均高等级公路数大于全国水平，运输成本较低。其二，区域相对对外开放水平（reopen）。计算方法见式（4－11）控制变量中的计算方法。其三，地区相对土地成本（relandp）。非创新活动属于低附加值行业，土地成本构成了生产成本的重要组成部分，因此更倾向于选择土地成本较低的地方。由于缺乏各地区工业用地价格的相关数据，因此，我们用各地区写字楼平均销售价格除以同期全国写字楼平均销售价格来衡量各地区相对的土地成本高低。大于 1 表示该地区相对土地成本更高。其四，地区相对环境规制程度（reregul）。制造业非创新活动的资源密集型特点较为明显，对生态环境的影响更大。随着我国各地区生产环境的不断恶化，地方政府和企业均投入大量财力改善环境，地方政府更是出台了更加严苛的环境规制措施。我们使用各地区工业污染治理投资除以全国各省平均工业污染治理投资量作为地区环境规制程度的代理变量。大于 1 表示地区环境规制程度较全国水平更为严苛。

表 4－17 变量的统计性描述

变量名	定义	观测值	均值	标准差	最小值	最大值
Y^1	地区制造业创新活动相对集聚度	330	0.842	0.406	0.078	2.429
Y^2	地区制造业非创新活动相对集聚度	330	0.843	0.358	0.183	1.823
Y^3	地区生产性服务业相对集聚度	330	1.026	0.389	0.588	2.938
reinspill	地区相对研发知识溢出程度	330	5.028	11.182	0.012	72.468
recom	地区相对信息化程度	330	1.060	0.562	0.344	4.443

续表

变量名	定义	观测值	均值	标准差	最小值	最大值
reopen	地区相对开放度	330	0.665	0.756	0.062	3.381
retran	地区相对交通便捷度	330	1.000	0.506	0.307	3.080
reregul	地区相对环境规制程度	330	1.000	0.849	0.019	4.754
relandp	地区相对土地价格	330	0.703	0.387	0.142	2.328
relaw	地区相对法治化程度	330	1.171	1.254	0.257	8.917

资料来源：笔者计算整理。

式（4－13）中的控制变量选择。被解释变量是地区生产性服务业相对集聚度。第三章的研发发现，影响地区生产性服务业集聚度最重要的因素是循环累积效应，即过去一期生产性服务业的空间集聚度。但联立方程模型中加入被解释变量的滞后一期会导致估计偏误，因此，我们无法将被解释变量滞后一期作为重要控制变量。通过第三节的实证结论，地区法治化程度或契约维护程度（relaw）在模型（4－1）至模型（4－9）中始终显著影响生产性服务业集聚。因此，我们重点考虑地区法治化程度对生产性服务业集聚的影响。地区人力资本优势、本地知识溢出效应，以及本地市场规模效应也将影响生产性服务业集聚，但同时这些因素也是制造业创新活动集聚的重要影响因素。若将这些因素在此加入式（4－13）的控制变量，将破坏解释变量相互独立的假定，导致估计结果偏误。

考虑到数据可得性问题，本书选取中国大陆地区 30 个省级行政单位作为研究样本，考虑到 2002 年以后，中国对服务业行业的统计口径进行了调整。因此，本书选取 2003～2013 年作为研究时段。

三、参数估计方法

本节设置的联立方程组导致每个方程中都存在内生的解释变量，对于此类方程进行估计的方法一般有 2SLS（两阶段最小二乘法）和 3SLS（三阶段最小二乘法）。对每个方程使用 2SLS 估计，可以得到一致的估计结果，但是由于忽略了各个方程扰动项之间的联系，相比将整个方程组作为一个整体估计降低了效率。3SLS（三阶段最小二乘法）不仅可以解决联立方程所造成的内生变量问题，同时将方程组作为一个整体，考虑了方程间扰动项的联系，因而使用3SLS（三阶段最小二乘法）对整个联立方程系统进行估计是更有效率的。但是在对联立方程组进行估计之前，必须确认方程组是否可以识别。对于联立方程组而言，方程识别的秩条件可以表述为：在一个含有k个内生变量的k个方程的联立方程系统中，一个方程是可识别的，当且仅当能从系统的不含该方程外的所有变量的系数矩阵中构造出至少一个（k－1）×（k－1）阶的非零行列式；方程识别的阶条件是，如果一个方程是可识别的，那么它所包含的先决变量的个数必须大于等于它所包含的内生变量的个数减1，而本书所设置的联立方程组恰好符合方程识别的阶条件和秩条件。基于以上分析，本书使用3SLS（三阶段最小二乘法）对联立方程组进行参数估计，并根据通常的做法，使用所有外生变量的线性组合作为内生解释变量的工具变量。根据以上联立方程模型的阶条件，本书构建的联立方程为过度识别模型，可以进行总体参数估计。

四、实证结果分析

为了消除异方差的影响，变量均取自然对数。我们利用3SLS方法对上文所设置的联立方程组式（4－11）至式（4－13）进行联合参数估计，得到如表4－18所示。

首先观察式（4－11）的回归结果。地区生产性服务业集聚对制造业创新活动集聚的影响系数是2.868，且在1%显著性水平上显著为正，假说1得到了较大的支持。对制造业创新活动的区位选择而言，生产性服务业集聚地的集聚正效应大于拥挤效应，因此净效应为正。即生产性服务业在一个地区的空间集聚会吸引制造业创新活动在其周围集聚。控制变量方面，研发活动的本地知识溢出效应在1%的显著性水平上显著为正，因此，本地研发活动知识溢出程度能够吸引制造业创新活动的迁入。本地信息化程度的提升极大地降低了区域内部和区域之间信息交流的成本，有助于创新活动迁入。区域对外开放程度对制造业创新活动的吸引力是正向的，但是这种影响力较弱。

表 4-18 生产性服务业集聚与制造业创新活动集聚的相互影响

变量	系数	标准误	z 值
	被解释变量：ln_ Y^1		
ln_ Y^3	2.868***	0.762	3.76
ln_ reinspill	0.504***	0.08	6.31
ln_ reinf	0.2#	0.131	1.53
ln_ reopen	0.047	0.049	0.96
_ cons	-0.278***	0.08	-3.46
	被解释变量：ln_ Y^2		
ln_ Y^3	-0.595***	0.179	-3.33
ln_ retran	0.116**	0.07	1.66
ln_ reopen	0.049#	0.033	1.52
ln_ reregul	-0.003	0.014	-0.2
ln_ relandp	-0.014	0.023	-0.6
_ cons	-0.23***	0.036	-6.43
	被解释变量：ln_ Y^3		
ln_ Y^1	0.156***	0.028	5.56
ln_ relaw	0.02	0.035	0.57
_ cons	0.026**	0.011	2.42

注：#、*、**、***分别表示在15%、10%、5%、1%的水平上显著。

资料来源：笔者利用 Stata12.0 软件计算得到。

观察式（4-12）的回归结果。对制造业非创新活动而言，生产性服务业集聚对其产生的拥挤效应大于集聚正效应，因此，净效应为负。生产性服务业的空间集聚将迫使劳动密集型和更低附加值的制造业非创新活动从其周围迁出到周边地区和中西部地区。假说 2 得到了实证检验的支持。控制变量方面，区域交通基础设施的进一步完善降低了区域内部和区际之间的冰山运输成本，提高了贸易自由度，使集聚地对制造业非创新活动的集聚力大于分散力，因而促进了制造业非创新活动的空间集聚。区域开放度对制造业非创新活动集聚产生了显著的正向影响。可能的原因在于中国制造业的非创新型生产活动已经深深嵌入全球“微笑曲线”价值链，其主要参与的代工和加工组装活动决定了其与跨国公司所承担的研发、营销活动之间具有紧密联系。这决定了其对区域对外开放程度具有较高依赖程度。

观察式（4－13）的回归结果可知，制造业创新活动空间集聚能够显著吸引生产性服务业空间集聚，其原因在于制造业创新活动是生产性服务业的直接需求者，制造业创新活动集聚形成了巨大的本地市场规模效应，促进生产性服务业在其周围集聚。这一结论和第三章第四节的实证结论是一致的。区域法治化水平的系数为正，但显著性较低。这也在一定程度上说明了影响生产性服务业集聚最重要的因素是循环累积效应。但由于面板联立方程模型无法处理滞后一期被解释变量，因此，我们无法将其加入模型中。

以上实证研究表明：①生产性服务业集聚对制造业具有众多正向集聚效应和负向挤出效应，但由于制造业创新型生产活动比非创新型生产活动具有更强的创新能力、技术密集度较高、对集聚正外部性的吸收能力更强、增加值和获利能力更强、对地租上升的承担能力更强，因此这种净外部效应在制造业创新型生产活动和非创新型生产活动上存在较大差别。②生产性服务业在一定空间范围内的集聚对制造业创新型生产活动的净效应为正，能够吸引创新型生产活动在其周围形成集聚发展态势；但同时也能“挤出”劳动密集型、创新能力更低、利润率和地租承担能力更低的非创新型或成熟型生产活动，迫使其向中西部地区空间转移。③由于不同省份处在不同的工业化发展阶段，制造业的要素密集度存在很大差异，例如东部沿海地区在制造业创新活动方面存在比较优势，而中西部地区的制造业活动更偏向于非创新的成熟型生产活动。因此，不同区域应该有不同的生产性服务业发展规划。中西部生产性服务业的过快发展很有可能对其承接东部制造业活动形成一定的负面影响。

第五节 本章小结

本章主要包含三部分内容：首先，对中国生产性服务业空间集聚度和制造业创新活动的空间集聚度进行了特征性描述；其次，对生产性服务业的集聚动因进行了实证检验；最后，对第三章所提出的生产性服务业空间集聚与制造业创新活动空间集聚的相互影响关系进行了实证检验。主要研究结论包括如下几个方面：

第一，基于中国生产性服务业城镇单位、私营和个体就业数据，利用空间基尼系数和熵指数测度了中国生产性服务业 2003～2013 年省级层面空间集聚度的演进趋势。得到如下结论：①2003～2013 年，生产性服务业的五个细分行业中，除租赁和商务服务业的空间集聚度持续下降，其余四个细分行业的空间集聚度呈持续上升趋势。通过加权平均和算术平均计算的中国生产性服务业的空间集聚度是显著上升的。②2013 年，生产性服务业五个细分行业中，租赁和商务服务业的集聚度最高，交通运输、仓储和邮政业的集聚度最低。③如果将服务业分为生产性服务业、生活性服务业和公共服务业，那么空间集中度由高到低的顺序依次是生产性服务业、生活性服务业和公共服务业。2003～2013 年，生活性服务业和公共服务业的集聚度逐年下降，这和生产性服务业的集聚度逐年上升的趋势正好相反。

第二，首先将制造业生产活动区分为两类：创新型活动和非创新型活动（或称成熟型生产活动）。在此基础上首先测算了 1998～2013 年创新型活动的空间集聚演进趋势，并将其与制造业生产活动的集聚度趋势进行对比。利用 1998～2013 年《中国科技统计年鉴》数据和 1998～2009 年中国工业企业微观数据，对中国制造业全行业创新型生产活动和 28 个细分行业创新型活动的空间演进趋势进行了较为全面的统计分析，得到以下结论：①无论从全行业的角度，还是细分行业的角度，1998～2009 年制造业创新活动的集聚度始终高于生产活动的集聚度，这与 Audretsch 和 Feldman（1996）及 Buzard 和 Carlino（2009）等国外学者对美国制造业生产活动和创新活动集聚度对比研究的结论是高度一致的。②1998～2013 年以来，制造业创新型活动的集聚度呈明显的持续上升趋势，山东、江苏、浙江和广东组成了中国制造业创新活动的核心地区；而生产活动的集聚度在 2004 年和 2005 年出现持续降低的趋势，导致其集聚度呈明显的倒"U"形演进趋势。③1998～2010 年，绝大多数细分行业的创新活动空间集聚度持续上升，这也使中国制造业创新活动集聚度持续上升；与此不同的是，绝大多数细分行业生产活动的集聚度呈倒"U"形演进轨迹，各细分行业空间扩散的起始年份并不一致，但以 2004 年和 2005 年居多。本书还选取了不同的集聚度测算指标和不同的反映创新活动的指标，这进一步增强了上述研究结论的稳健性和可信度。

第三，对生产性服务业集聚动因的实证研究表明：①新经济地理学所强调的循环累积效应对生产性服务业的空间集聚具有显著影响。过去生产性服务业的空间集聚能够显著影响当前和未来生产性服务业的区位选择，这既是一种正向的循环累积，同时也是生产性服务业空间集聚最主要的动因。②新古典经济学所强调的马歇尔外部性因素，包括区域专业劳动市场或区域人力资本水平的发育程度、本地知识溢出程度，以及本地市场规模效应都能够吸引具有知识和技术密集特征的生产性服务业迁入，形成生产性服务业集群。③区域市场化程度、区域契约维护程度或法治化水平的提高为生产性服务业在本地区的空间集聚提供了良好的制度软环境。④新经济地理学所强调的规模报酬递增和冰山交易成本对生产性服务业集聚的影响并不显著。

基于第二章第二节所提出的生产性服务业集聚与制造业集聚相互影响关系的理论假说，第四部分运用联立方程组模型和 3SLS 估计方法理论假说进行了实证检验。实证研究表明：①生产性服务业集聚对制造业具有众多正向集聚效应和负向挤出效应，但由于制造业创新型生产活动比非创新型生产活动具有更强的创新能力、技术密集度较高、对集聚正外部性的敏感度更强、增加值和获利能力更强、对地租上升的承担能力更强，因此这种净外部效应在创新活动和非创新活动上存在较大差别。②生产性服务业在一定空间范围内的集聚对创新型生产活动的净效应为正，能够吸引创新型生产活动在其周围形成集聚发展态势；但同时也能“挤出”劳动密集型、创新能力更低、利润率和地租承担能力更低的非创新型生产活动，迫使其向中西部地区空间转移。③结合第三节结论：制造业创新活动集聚和制造业非创新活动集聚均可以通过本地市场规模效应促进生产性服务业在其周围集聚，我们得到如下结论：制造业创新集聚和生产性服务业集聚之间是相互促进的关系；但制造业非创新集聚和生产性服务业集聚之间的关系并非如此，制造业非创新活动在一个地区的集聚促进该地区生产性服务业的发展和集聚，但随着生产性服务业在该地的不断发展和集聚，制造业非创新活动终因生产性服务业集聚所产生的负效应的不断扩大而向周边地区和中西部地区扩散。

第五章　制造业创新活动集聚对制造业研发效率影响的实证研究

——以中国高技术制造业为例

第四章对中国制造业创新活动的空间集聚特征进行了实证研究，结果表明，1998～2013 年的集聚度是持续上升的；同时，绝大多数细分行业的创新活动集聚度也是持续上升的。这有助于提升集聚地制造业的研发效率吗？本章针对这一问题展开进一步研究。由于中国高技术产业的研发数据更加完整，且时序较长，因此，本章以高技术产业为例进行研究。首先描述了 2003 年以来高技术产业研发创新活动的投入产出情况，在此基础上选择随机前沿方法构建研发生产函数，并在控制其他研发效率影响因素的基础上实证检验了高技术产业创新活动集聚对研发效率的影响。

第一节　中国高技术产业的研发创新活动：特征性事实

对中国高技术产业研发创新活动的分析，可以从区域和行业两个层面进行展开，本书选择从区域层面展开。由于《中国高技术产业统计年鉴》仅公布了省级层面的高技术产业研发数据和产业生产经营情况，因此，本章的空间尺度为省级层面。在考察省级层面的高技术产业研发活动时，我们发现，西藏、新疆和青海三个省级单位的高技术产业研发活动量最小，且不同年份统计数据不够完整，因此，为了追求研究结果的准确性和稳健性，本书仅考察大陆地区（除西藏、新疆和青海）的28个省级行政单位。时间段选择为2003~2013年，共11年。

一、中国高技术产业的研发投入

持续的研发投入是产业长期获得创新能力的前提和基础。因此，有必要在探讨创新绩效或研发效率之前首先观察中国高技术产业的研发投入和产出特征。首先观察研发投入，产业的研发投入主要包括研发人员投入和研发经费内部支出。研发人员数和研发人员全时当量是衡量研发人员投入时最常用到的指标。根据《中国高技术产业统计年鉴》的指标解释，研发人员全时当量是指研发全时人员工作量和非全时人员按实际工作时长折算得到的加总量。因此，本书认为，研发人员全时当量比研发人员数更加准确地衡量了研发活动的人员投入情况。

1. 研发人员全时当量

图5-1报告了2003~2013年中国高技术产业的研发人员投入情况。中国高技术产业的研发人员全时当量从2003年的127802人/年迅速增加到2013年的559036人/年。虽然同比增速有逐渐下滑的趋势，但2003~2013年的年均增速依然高达15.90%。

图5-2报告了2003~2013年中国高技术产业分地区研发投入占比情况。[①]从动态的视角来看，东部占比呈倒“U”形趋势，2003~2011年持续上升，2011年之后占比有所下降。中部地区占比变化较小，始终维持在10%左右；西部占比在2011年之前持续下降，2011年之后有所上升。从静态视角或横向比较来看，东部占比远大于中西部地区。

① 根据已有文献中较为常见的划分标准，东部指北京、天津、河北、辽宁、山东、江苏、上海、浙江、福建、广东和海南11个省级单位；中部指吉林、黑龙江、山西、河南、安徽、湖南、湖北、江西8个省级单位；西部是指陕西、甘肃、宁夏、青海、新疆、四川、云南、贵州、西藏、重庆、内蒙古和广西12个省级单位。

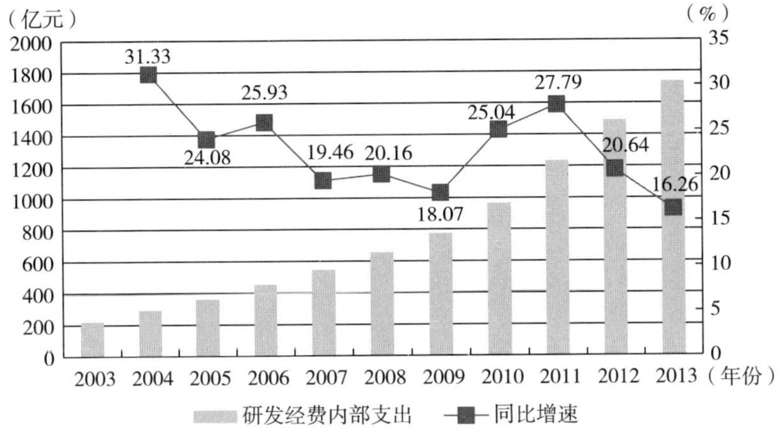

图 5－1　2003～2013 年中国高技术产业研发人员投入情况

资料来源：笔者绘制。

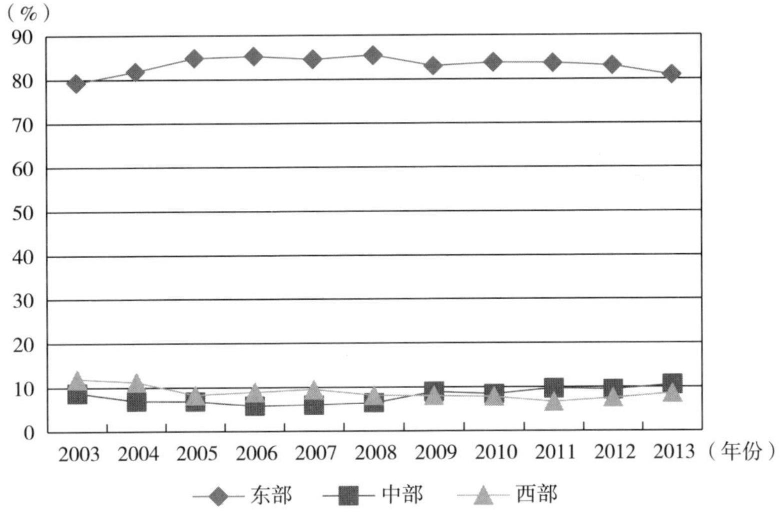

图 5－2　2003～2013 年中国高技术产业分地区研发人员投入占比

资料来源：笔者绘制。

2. 研发经费内部支出

根据《中国高技术产业统计年鉴》的指标解释，研发经费内部支出指标涵盖了企业研发活动的直接支出、管理费、服务费、基本建设支出、外协加工费等，是对研发活动资金投入状况较为准确的度量。因此，本书选用研发经费内部支出衡量企业的研发经费投入情况。

图 5－3 报告了 2003～2013 年中国高技术产业研发经费投入情况。从 2003 年起，截至 2013 年中国高技术产业的研发经费翻了三番左右，从 222.43 亿元增加到 1733.79 亿元；从图中可以看出，虽然同比增速有所下滑，但年均增速依然高达 22.79%。

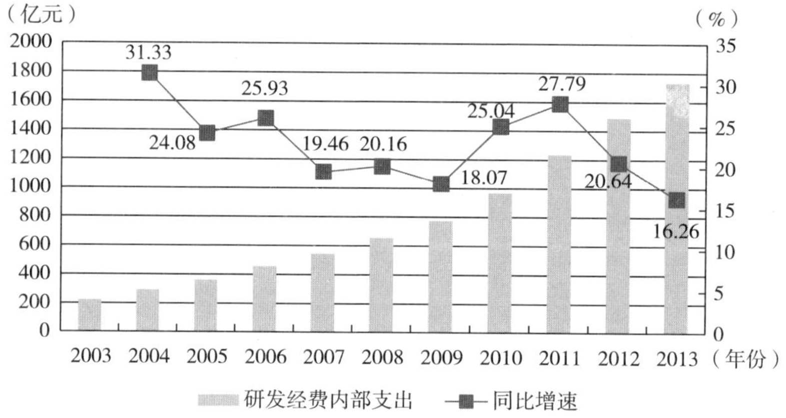

图 5－3　2003～2013 年中国高技术产业研发人员投入情况

资料来源：笔者绘制。

分区域视角来看，东部地区占比经历了倒“U”形，即先上升后下降的变动趋势，在 2008 年，东部占比达到最高的 85.42%，随后出现下降。与东部地区不同的是，中西部地区的占比经历先下降后上升的“U”形变动趋势。中部地区占比在 2006 年以后持续上升，这说明中部地区高技术产业开始逐步重视研发和创新投入，2013 年占比达到 10.56%。相反，西部地区的占比在大趋势上明显呈下降趋势，2011 年，其占比仅为 6.6%。2011 年之后小幅上升到 7.52%。如图 5－4 所示。

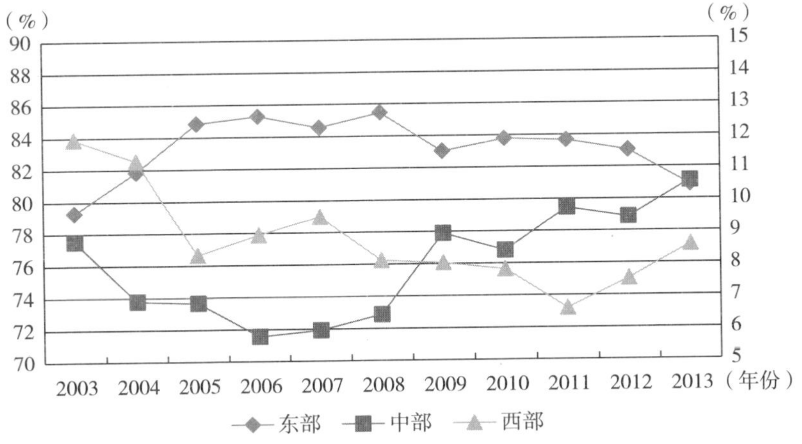

图 5－4　2003～2013 年中国高技术产业分地区研发经费投入占比

资料来源：笔者绘制。

二、中国高技术产业的研发产出

《中国高技术产业统计年鉴》提供的衡量研发产出的指标较多，例如新产品产值、专利申请和授权数、新产品开发项目数等。哪个指标能够更为准确地反映研发活动的产出情况？正如已有文献中所指出情况，其一，考虑到制度费用等方面的原因，企业研发活动的研发成果不一定都会到专利局申请专利；其二，各个国家或者同一个国家不同区域的专利保护程度和执法严格程度存在较大差异，因此，可能出现的情况是中西部省份的企业的研发程度或技术会拿到东部地区申请专利，即东部的专利申请数据，很有可能并不来自东部，而是来自中西部的研发投入；其三，不同专利的经济价值难以准确衡量与对比。使用专利数量作为研发产出的代理变量时是假设每个专利具有大约相同的经济价值，但这在现实中并不成立。因此，使用专利申请和授权数据，很难准确地衡量研发活动的产出情况。新产品开发项目数指标具有相同的问题。因此，本章主要使用新产品产值作为中国高技术产业研发产出的代理变量。

根据图5－5，2003～2013年，中国高技术产业的新产品产值从4514亿元增加到29028亿元，除2008年受到金融危机的影响，新产品产值为负增长，其余各年增速保持在20%左右。

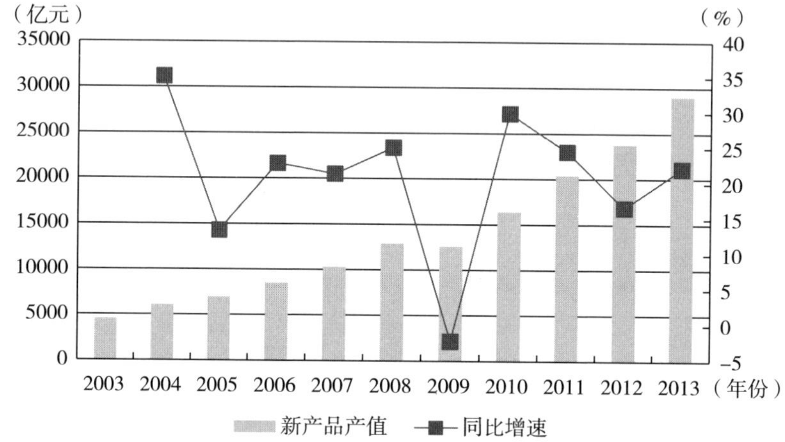

图5－5　2003～2013年中国高技术产业新产品产值情况

资料来源：笔者绘制。

分区域来看，2003～2013年，东部和西部研发产出占比均有所下降，分别下降了6%和2%，中部占比有所提高。截至2013年底，中部占比已经上升到13.12%，尽管如此，但东部的绝对优势依然比较明显。

三、研发投入强度的国际比较

所谓研发投入强度，反映了产业对研发的重视程度，或研发活动在其整个生产活动中的重要性，通常使用研发经费内部支出在主营业务收入中的占比来衡量。图5－7报告了中国高技术产业和制造业1995～2013年的研发强度变动趋势。可以看出：①无论高技术产业还是制造业，研发强度都有一定程度的提升。这说明高技术产业和制造业对研发创新、对产业核心竞争能力的重视程度在经济

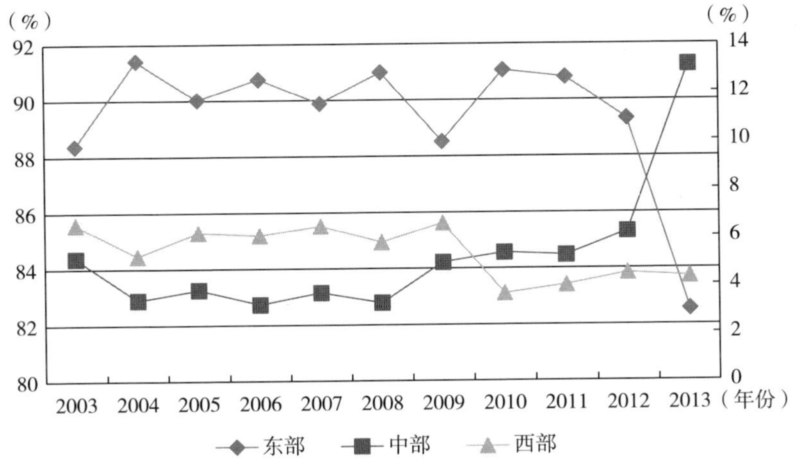

图 5-6　2003~2013 年中国高技术产业分地区新产品产值占比

资料来源：笔者绘制。

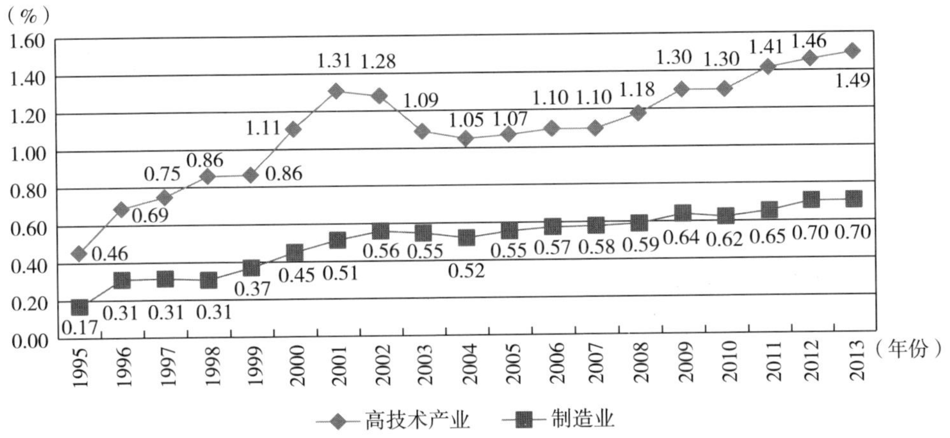

图 5-7　1995~2013 年中国高技术产业和制造业研发强度

资料来源：笔者绘制。

全球化和改革开放大背景下不断提高。②高技术产业的研发强度始终高于整个制造业的研发强度。这在一定程度上证实了高技术产业具有更高知识和技术密集度特征的说法。由于高技术产业是制造业的一部分，而高技术产业的研发强度高于制造业的研发强度，因此，制造业中非高技术产业的研发强度应该低于制造业研发强度（见表 5-1）。

表 5-1　1995～2013 年中国高技术产业和制造业研发投入情况

年份	主营业务收入			研发经费内部支出		
	高技术产业（亿元）	制造业（亿元）	占比（%）	高技术产业（亿元）	制造业（亿元）	占比（%）
1995	3917	46207	8.48	17.85	78.14	22.84
1996	4497	45839	9.81	30.96	142.64	21.70
1997	5618	54273	10.35	42.02	170.81	24.60
1998	6580	55020	11.96	56.45	168.79	33.44
1999	7820	59890	13.06	67.56	221.93	30.44
2000	10034	71698	13.99	111.04	323.05	34.37
2001	12015	80272	14.97	157.01	412.37	38.08
2002	14614	94114	15.53	186.97	526.31	35.52
2003	20412	124035	16.46	222.45	678.42	32.79
2004	27846	171837	16.20	292.13	892.48	32.73
2005	33922	213844	15.86	362.50	1184.52	30.60
2006	41585	270478	15.37	456.44	1551.39	29.42
2007	49714	347890	14.29	545.32	2009.56	27.14
2008	55729	432760	12.88	655.20	2546.38	25.73
2009	59567	471870	12.62	774.05	3012.94	25.69
2010	74483	606300	12.28	967.83	3771.86	25.66
2011	87527	729264	12.00	1237.81	4753.75	26.04
2012	102284	805662	12.70	1491.49	5666.86	26.32
2013	116049	909453	12.76	1734.37	6407.34	27.07

资料来源：笔者计算整理。

表 5-2 报告了主要发达国家研发投入强度。从图 5-7 中看出，中国高技术产业和制造业在 2007 年的研发强度分别为 1.10% 和 0.58%。与表 5-2 的数据对比后发现，最低值的意大利也达到了 3.82%，最高值的美国高达 19.74%，平均值也达到 9.39% 左右。中国制造业的研发投入强度依然较低，这在一定程度上制约了中国制造业核心竞争优势的培养，制造强国之路依然任重道远。

表 5－2　主要发达国家部分年份的研发强度

美国	日本	德国	英国	法国	意大利	加拿大	西班牙	韩国	瑞典	挪威	芬兰
2009 年	2008 年	2007 年	2006 年	2006 年	2007 年	2006 年	2007 年	2006 年	2007 年	2007 年	2007 年
19.74	10.5	6.87	11.1	7.74	3.82	11.5	5.22	5.86	13.18	5.67	11.5

资料来源：笔者计算整理。

四、研发效率：劳动生产率与资本产值比

最早用于测算效率的方法无疑是全员劳动生产率和资本产值比，这种方法仅能考虑到一个投入和一个产出，具有易于计算和比较的优点。在本章，我们使用新产品产值与研发人员全时当量的比值衡量研发活动的全员劳动生产率；使用新产品产值与研发经费内部支出的比值衡量研发活动的资本产值比。

从全国情况来看，若以劳动生产率衡量，2003～2013 年整体上存在提高，从 353.28 亿元/人·年，波动式上升到 519.26 亿元/人·年，年均增速为 3.9%。但也可以看出，2005～2010 年劳动生产率的变化不大，主要的上升发生在 2011 年及以后。以产值资本比衡量，研发投入产出效率不仅没有提高，反而出现逐年下降的趋势。从 2003 年的 20.3% 下降到 2013 年的 16.74%。仅有个别年份（2008 年和 2010 年）有较小幅度的提高。劳动生产率序列和产值资本比序列的线性相关系数为 －0.14，这也再次证明了两者反向变动的趋势（见图 5－8）。

从分区域的视角来看，以劳动生产率来衡量效率，则 2003～2013 年东部的上升幅度较小，仅从 499.24 亿元/人·年上升到 546.47 亿元/人·年，年均增速仅为 0.91%；而中部和西部的上升幅度较大，年均增速分别为 14.69% 和 9.91%。在 2003～2012 年，效率由高到低分别为东部、西部和中部。但 2013 年，中部地区异军突起，劳动生产率超过了东部和西部地区，如图 5－9 所示。

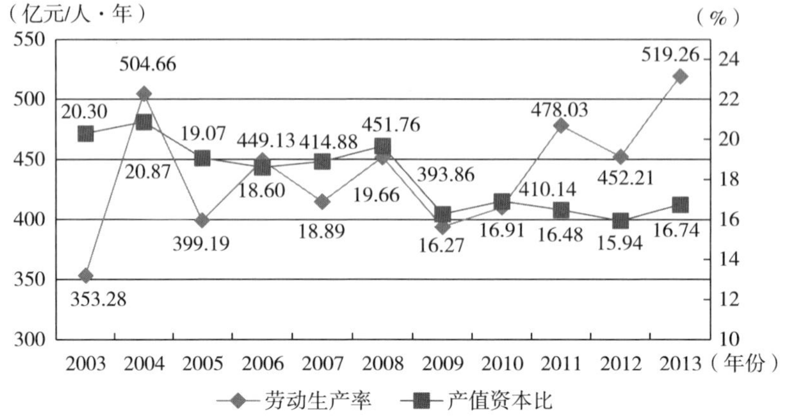

图5－8　2003～2013年中国高技术产业和制造业劳动生产率和产值资本比

资料来源：笔者绘制。

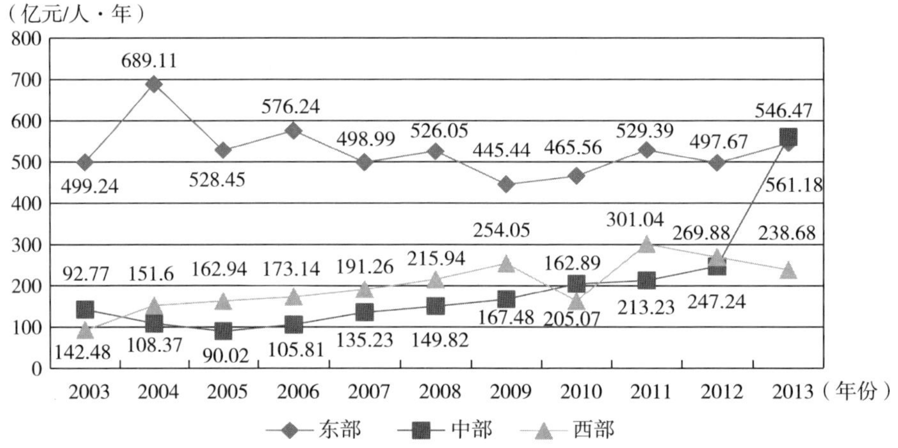

图5－9　2003～2013年中国高技术产业分地区劳动生产率情况

资料来源：笔者绘制。

若以产值资本比衡量，2003～2013年东部和西部地区均为逐年下降趋势，分别从22.62%和11.84%下降到17.09%和8.64%。只有中部地区存在上升趋势，且上升主要发生在2012年以后，2003～2012年大部分的时间段内均逐年缓慢下降。在地区研发效率的排名上，2003～2012 年东部优于西部，西部优于中部；但 2013 年中部地区上升较快，超过东部地区，排名第一。如图 5－10 所示。

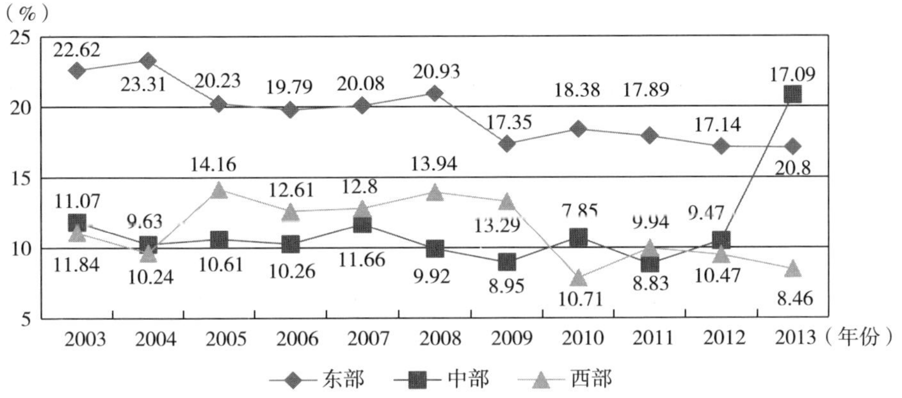

图 5－10　2003～2013 年中国高技术产业分地区产值资本比情况

资料来源：笔者绘制。

第二节　计量方法选择与模型设定

第一节利用简单易行的效率测度方法——单投入单产出的劳动生产率和资本产值比得到相反的效率变动趋势结论。若以劳动生产率为效率测度方法，则高技术产业研发效率波动式上升。若以资本产值比为效率测度方法，则高技术产业研发效率逐年下降。出现这样矛盾的结论，本书认为主要原因在于：只考虑一种投入的做法是对实际生产过程的过于简单化的不切实际的假设。因此，我们求助于能够考虑多投入的效率测度模型。

一、本章实证路径介绍

由于研发效率及其影响因素的实证内容较多，因此，有必要在开始大量实证检验之前利用图示法介绍本章整体的实证路径。

本节将首先对主流的效率测度方法进行比较，并根据本章的研究对象选择合适的效率测度方法。其次，由于研发活动从投入到产出可能存在超过一定的滞后期，因此，本书同时考虑滞后零期、滞后一期和滞后二期时的研究结果，并进行相互比较。考虑是否存在较大差异。再次，利用选择好的研究方法估计研发投入滞后零期、滞后一期和滞后二期时的研发生产函数形式（或称知识生产函数形式）。复次，对研发效率的诸多假设进行检验，例如各地区高技术产业研发效率分布为半正态分布，还是截尾正态分布。最后，利用技术效率模型加入研发效率的影响因素，检验各因素的显著性。具体流程如图 5 – 11 所示。

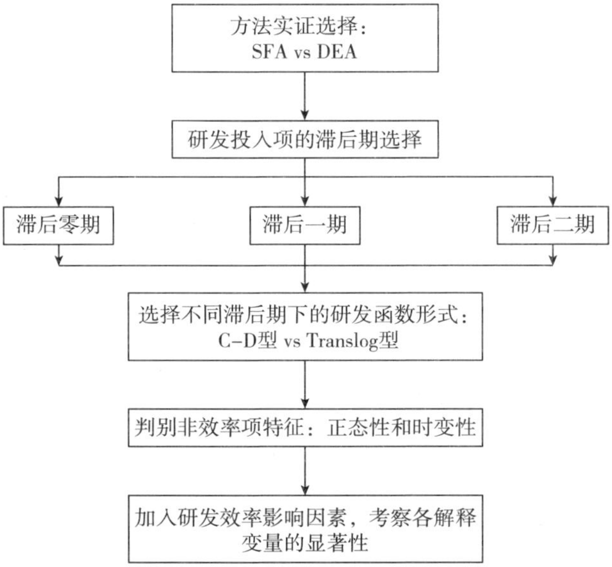

图 5 – 11　本章实证路径

资料来源：笔者绘制。

二、数据包络分析与随机前沿方法

数据包络分析法（DEA）和随机前沿方法（SFA）是主流文献中测度效率时

使用频率最高的两种方法。但两种方法在估计时各有优劣势，需要进一步比较并结合本章的研究特点进行选择。

两者的相同点在于：①都可以考虑多投入的情形；②都假设存在无效率情形；③均可处理截面数据和面板数据。

两者的主要不同点在于：①是否需要设定生产函数形式或设定生产函数的重要参数。前者不需要设定，因此，也被称为非参数方法；后者需要设定，因此也被称为参数方法。②在产出变量的个数方面，前者可以考虑多产出时的效率测算问题，但后者因为是以生产函数为基础的，因此，只能考虑一种产出。③前者以数学规划为理论基础，在一次计算中仅能就效率问题作出估计；后者以计量经济学为基础，在一次计算中不仅可以估计出效率，还可以利用技术效率模型考虑其他影响因素对效率的影响。④前者计算得到的是全要素生产率变动，是相对于第一期而言的，是全要素生产率指数；后者计算得到的是绝对效率值，可以进行不同个体之间的比较分析。⑤是否假设效率受随机冲击的影响。这是数据包括分析和随机前沿分析最重要的区别。前者不考虑随机冲击，后者考虑随机冲击对生产函数的影响，即作为前沿面的生产函数，可能会受到随机冲击的影响，即前沿面并不是一成不变的、确定的，而是在随机冲击的影响下变化的。如果测算发现个体不在前沿面上，那么可能的原因是个体存在无效率情形，也可能是随机冲击或统计噪声导致的前沿面移动。但在数据包络分析中，个体的效率不在前沿面上，只有一个原因，那就是个体是非效率的。

由于本章考虑的是研发效率的绝对值问题，同时，跨地区和跨年份的面板数据也使得影响前沿面的随机因素增多。因此，随机前沿模型更适合研发效率的研究。

三、随机前沿模型形式

随机前沿方法首先假设存在一个生产函数，多种投入进行生产函数这个“黑箱子”之后得到一种产出。为简化起见，这里只考虑劳动 L 和资本 K 两种投入。

具体如式（5－1）所示：

$$Y_i = F(L_i, K_i) = e^{\beta_0} L^{\beta_{1i}} K^{\beta_{2i}} \quad (5-1)$$

但以上生产函数是既定的劳动和资本投入能够达到的最大产出，企业 i 不一定能够达到，更不可能时时达到，即企业存在非效率问题。在考虑这个非效率问题后，式（5－1）需要“打折扣”，即：

$$Y_i = F(L_i, K_i)\xi_i = e^{\beta_0} L^{\beta_{1i}} K^{\beta_{2i}} \xi_i \quad (5-2)$$

其中，ζ 属于［0，1］，其越大，表示企业 i 离生产前沿面越近，企业的效率越高，非效率也就越低。在式（5－2）的基础上再考虑随机冲击对前沿面的影响，则式（5－2）转化为式（5－3），即：

$$Y_i = F(L_i, K_i)\xi_i e^{\nu_i} = e^{\beta_0} L^{\beta_{1i}} K^{\beta_{2i}} \xi_i e^{\nu_i} \quad (5-3)$$

其中，$e^{\nu i}$表示对生产函数或生产前沿面的随机冲击。对式（5－3）取对数，得到式（5－4）：

$$LnY_i = \beta_0 + \beta_{1i} LnL_i + \beta_{2i} LnK_i + Ln\xi_i + \nu_i \quad (5-4)$$

定义 $Ln\zeta_i \equiv -u_i$，上文已经定义 ζ 为效率程度，则 u_i 就为非效率程度。式（5－4）转化成式（5－5）：

$$LnY_i = \beta_0 + \beta_{1i} LnL_i + \beta_{2i} LnK_i + \nu_i - u_i \quad (5-5)$$

式（5－5）即随机前沿方法的最一般的表达式，其中，假设随机干扰项 νi 始终服从均值为零，方差固定的正态分布，且独立于生产函数投入要素，在式（5－5）中，独立于劳动和资本量。另外，还需要根据所研究的问题判断样本非效率项的分布特征，在此基础上进行假设检验，得到最终的随机前沿模型形式。

如果假定非效率项符合均值为零，方差固定的正态分布，又因为非效率项必然为正数，因此，非效率项服从的是左边截尾的半正态分布，该模型也称为正态—半正态模型。

如果既定非效率项的均值大于零，即绝大多数个体是非效率的，或最有效率的个体并不占样本的绝大多数，则该模型称为正态—截尾正态模型。

另外，在少数个案中，也存在将样本非效率项的分布假定为指数型的情形，得到的模型为正态—指数模型。

如果在实际研究中使用的是面板数据，还需要进一步检验模型的技术非效率程度是否随时间而变，因此，又存在时变模型和非实变模型的区别。

在实际研究中，往往采用约束条件检验的方法，从最一般化的非零假设入手，一步步根据模型零约束条件的个数来检验非效率项的特征，从而得到与现实情况最为接近的模型。Battese 和 Coelli（1992）所提出的误差成分模型，正是用于检验是否适合使用随机前沿方法，非效率项具有哪些特征。

不仅如此，Battese 和 Coelli（1995）所提出的技术效率模型还将生产函数估计以及非效率程度影响因素的估计一步化。使用技术效率模型时，首先估计生产函数形式和技术非效率程度，在此基础上进一步加入技术非效率的影响因素，以检验这些因素是否对技术非效率产生显著影响。其技术非效率的估计形式如式（5－6）所示：

$$u_i = \delta_0 + \sum_{j=1}^{J} \delta_j Z_j + w_i \tag{5-6}$$

其中，δ 表示待估参数，Z 表示技术非效率影响因素，假定 w_{it} ~ iid N（0，δ_v^2）。

四、基于研发生产函数的随机前沿模型选择

为了最终实现对研发效率影响因素的估计，首先，要选择投入产出指标；其次，确定研发生产函数形式，柯布—道格拉斯形式还是超越对数形式；再次，需要确定是否适合使用随机前沿方法做效率估计，样本技术非效率项的特征是什么；最后，根据所选择的生产函数模型具体形式，进一步估计技术非效率的影响因素。

1. 解释变量滞后期问题

从研发要素投入到产生研发结果，通常具有一定的滞后期，即当期的投入要经过 1～2 年才能有所产出。不同的文献在这一问题上往往选择不滞后到滞后二

期。本书认为，与发达国家高技术产业相比，中国的高技术产业自主研发的能力还比较低，目前更多的是技术引进、模仿改造和消化吸收，因此，从研发投入到研发产出的滞后期设定为滞后一期或滞后二期较为合适。出于严谨性的考虑，本书同时检验研发要素滞后零期、滞后一期和滞后二期时的函数选择过程与结果。

2. 投入产出指标问题

投入产出指标问题，本章的研究对象是研发绩效，是研发的投入产出效率问题。根据已有相关研究的假定，研发生产过程应该使用知识生产函数或称研发生产函数（Battese and Coelli，1992；Battese and Coelli，1995）。研发生产函数投入的是研发劳动（下文用 RDL 表示）和研发资本（下文用 RDK 表示），产出为新产品产值（下文用 RDY 表示）或专利。但由于专利在衡量研发产出时存在的低估问题，新产品产值更接近研发成果的度量。因此，新产品产值被绝大多数文献用于代理研发或创新产出，第一节已经详细介绍，这里不再赘述。利用各地区工业品出厂价格指数（2003 年可比价）消除新产品产值中的价格因素。

与部分已有文献（朱有为和徐康宁，2006；陈修德和梁彤缨，2010）直接采用研发经费内部支出代替研发资本的做法不同，本书使用永续盘存法（PIM）对研发资本进行估算。t 期研发资本 RDKt 等于 t－1 期研发资本与之前各期研发经费内部支出现值之和。用公式表示为：

$$RDK_t = \sum_{k=1}^{n} \mu_k RDE_{t-k} + (1-\delta) RDK_{t-1} \tag{5-7}$$

其中，RDK 表示研发资本存量，RDE 为研发资本支出，μ 为滞后贴现系数，k 为滞后期，δ 为折旧率；由于难以获得 μ 的滞后结构，因此根据已有文献的做法，取 $k=1$（吴延兵，2006；张海洋，2010），则上式简化为式（5－8）：

$$RDK_t = RDE_{t-1} + (1-\delta) RDK_{t-1} \tag{5-8}$$

从式（5－8）中可以看出，要想计算出 2003～2013 年的资本存量，必须首先知道各期的研发资本支出；其次必须获得 2003 年的研发资本存量；最后，确定折旧率 δ。

第一步，确定研发资本支出。由于研发经费内部支出指标包含了劳务费，但研发生产函数中已经包含了研发劳动投入 RDL，因此，首先需要将研发经费内部支出中的劳务费扣除，以避免高估研发资本投入，得到 RDE，即研发资本支出。

第二步，构建研发资本支出价格指数，本书将各年的价格均换算成 2003 年可比价。对于行业年份面板数据而言，通常加权平均原材料价格指数和固定资产投入价格指数（吴延兵，2006），本书的数据结构为地区年份面板数据，因此，借鉴以后文献的做法，采用消费价格指数和固定资产投资价格指数的加权平均值来构建研发资本价格指数 RDEP：

$$RDEP = \alpha \times CP + (1-\alpha) \times IFAP \quad (5-9)$$

其中，α 为消费价格指数的权重，其中 CP 为消费价格指数，IFAP 为固定资产投资价格指数，按照已有文献中的通行做法，本书对该权重赋予不同的值，即 0.4、0.5 和 0.6。通过比较发现，利用不同权重计算的研发资本价格指数差异和对最终研发资本存量核算的影响均较小。因此，本书采用 0.5 的权重计算。

第三步，确定研发资本的折旧率问题。由于“创造性破坏”和新技术的不断出现，研发资本的折旧要高于一般物质资本的折旧，因此，通行的做法均采用了 15% 的折旧率（程世雄和柳剑平，2014；吴延兵，2006）。

第四步，确定基年。由于中国高技术产业的研发统计数据从 1998 年开始更加稳健，数据质量更高。因此，我们选择 1998 年作为基年。

第五步，确定基年的研发资本存量。Coe 和 Helpman（1995）的方法，假定研发资本支出 RDE 的增长率和研发资本存量 RDK 的增长率相同，如式（5-10）所示。

$$\frac{RDK_t - RDK_{t-1}}{RDK_{t-1}} = \frac{RDE_t - RDE_{t-1}}{RDE_{t-1}} = g \quad (5-10)$$

其中，g 为研发资本支出的增长率。

根据式（5-8），当 t=1 时，可以得到式（5-11）：

$$RDK_1 = RDE_0 + (1-\delta) RDK_0 \quad (5-11)$$

根据式（5-9）后半部分，当 t=1 时，可以得到式（5-12）：

$$RDK_1 = (1+g)\ RDK_0 \tag{5-12}$$

结合式（5-11）和式（5-12），可以得到式（5-13）：

$$RDK_{98} = \frac{RDE_{98}}{g+\delta} \tag{5-13}$$

根据上述做法，得到2003~2013年中国高技术产业各地区的研发资本存量数据（见图5-12）。可以看出，2003~2013年研发资本存量从341.21亿元增加到2585.78亿元，同比增速从35.67%逐年下降到17.79%。

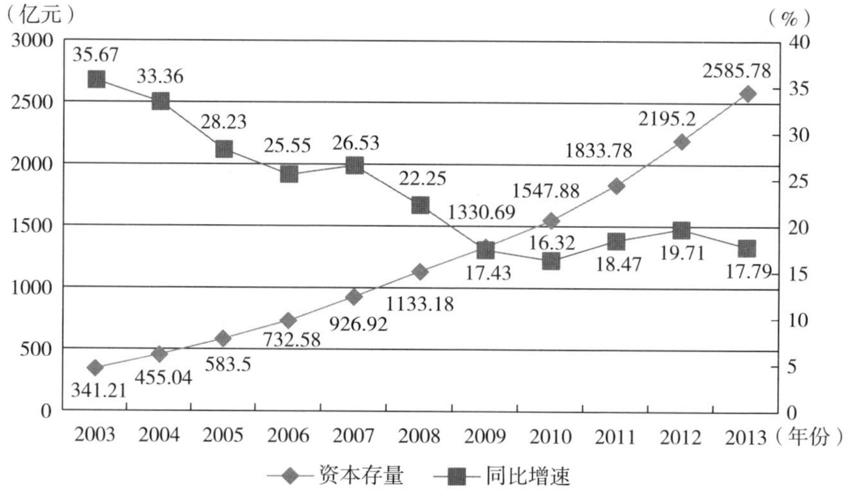

图5-12　2003~2013年中国高技术产业各地区的研发资本存量

资料来源：笔者绘制。

3. 研发生产函数形式的选择问题——研发投入变量滞后一期

研发生产函数或知识生产函数的形式包括柯布—道格拉斯型（朱有为和徐康宁，2006；杨青峰，2013；程世雄和柳剑平，2014）或超越对数型（刘贺东，2011；阮敏，2016）。超越对数型函数具有形式灵活，对技术没有限定，包容性强等方面的特征。本书通过建立一系列约束条件（原假设）并逐一进行检验，以判断知识生产函数的形式。

首先，超越对数型生产函数的设定形式（回归时研发投入变量均滞后一期）为：

$$\ln RDY_{it}=\beta_0+\beta_1\ln RDL_{it}+\beta_2\ln RDK_{it}+1/2\beta_3(\ln RDL_{it})^2+1/2\beta_4(\ln RDK_{it})^2+\beta_5\ln RDL_{it}\ln RDK_{it}+\beta_6 t+v_{it}-u_{it} \tag{5-14}$$

构建以下不同的原假设 H_0，并利用广义似然率统计量 $\lambda=-2[\ln L(H_0)-\ln L(H_1)]$ 对其进行显著性检验。

（1）$\beta_3=\beta_4=\beta_5=0$。如果 H_0 不被拒绝，则超越对数生产函数退化为柯布—道格拉斯形式。

（2）$\eta=\mu=0$。如果 H_0 不被拒绝，则表示产业的技术非效率程度不具有时变性，且服从半正态分布。

（3）$\mu=0$。如果 H_0 不被拒绝，则产业技术非效率的分布由截尾正态分布退化为半正态分布。

（4）$\eta=0$。如果 H_0 不被拒绝，则表示产业的技术非效率程度不具有时变性。

$$\gamma=\frac{\sigma_u^2}{\sigma_u^2+\sigma_v^2} \tag{5-15}$$

表 5－3 报告了各种原假设条件下随机前沿模型的估计结果。其中，模型（5－1）为超越对数生产函数的估计结果，同时也是不满足原假设约束条件的备择假设 H1，模型（5－2）至模型（5－5）是分别对应以上不同假设条件的随机前沿估计结果。

表 5－3 研发投入滞后一期下的研发生产函数形式与非效率项特征甄别

	模型（5－1）	模型（5－2）	模型（5－3）	模型（5－4）	模型（5－5）
c	7.557***	6.583***	3.990***	4.730***	8.070***
	1.131	1.023	1.468	1.338	4.426
lnRDL	0.119	0.445***	0.633	0.543	0.133
	0.476	0.086	0.468	0.464	0.507

续表

	模型（5-1）	模型（5-2）	模型（5-3）	模型（5-4）	模型（5-5）
lnRDK	0.5	0.493***	0.468	0.468	0.364
	0.376	0.105	0.433	0.424	0.555
（lnRDL）^2	-0.192***	—	-0.209***	-0.210***	-0.186***
	0.057	—	0.056	0.055	0.056
（lnRDK）^2	-0.091*	—	-0.069	-0.075	-0.082
	0.051	—	0.052	0.051	0.05
（lnRDL）×（lnRDK）	0.279***	—	0.248***	0.261***	0.268***
	0.107	—	0.108	0.106	0.106
t	-0.054*	-0.069***	-0.001	0.001	-0.039
	0.028	0.027	0.018	0.018	0.029
σ^2	0.682***	0.688***	1.698***	0.748***	1.641***
	0.081	0.182	0.472	0.163	0.754
γ	0.573***	0.554***	0.806***	0.571***	0.815***
	0.081	0.095	0.060	0.078	0.093
μ	1.25***	1.235***	—	1.306***	—
	0.32	0.296	—	0.202	—
η	0.051***	0.063***	—	—	0.058***
	0.017	0.012	—	—	0.018
对数似然函数	-270.96	-278.29	-277.73	-274.82	-274.5
LR 检验	130.69	153.9	117.16	122.96	123.61
广义似然比	—	14.66	13.54	7.72	7.08
临界值	—	7.82	5.991	3.84	3.84

注：数值包含估计结果和相应的 t 统计值。***、**和*分别表示在 1%、5%和 10%的显著性水平上通过 t 检验。最后一行的临界值为 5%显著性水平下的临界值。

资料来源：笔者利用 Frontier 4.1 软件计算得来。

首先，判断是否存在随机冲击对生产前沿的影响，即使用随机前沿方法是否合适。表 5-3 中，如果 $\gamma>0.5$，说明误差项中对生产前沿的随机冲击占有较大的比重，使用随机前沿模型（SFA）是合适的，使用数据包络分析（DEA）则会忽略这一点。相反，若 $\gamma<0.5$，则误差项中对生产前沿的随机冲击占有较小的

比重，使用数据包络分析（DEA）是合适的，没有必要使用随机前沿方法（SFA）。表5-3中可以看出，模型（5-1）至模型（5-5）的 γ 均在1%显著性水平下大于0.5，因此，使用随机前沿方法是合理的。

其次，判断研发生产函数形式。比较模型(5-1)和模型（5-2），广义似然比为14.66，大于 χ^2（3）的临界值7.82，因此，拒绝原假设 $\beta_3=\beta_4=\beta_5=0$。即拒绝柯布—道格拉斯生产函数形式。

最后，在超越对数型生产函数的基础上判断非效率项的特征。比较模型（5-1）和模型（5-3）模型（5-3）中，提出假设 $\eta=\mu=0$。即高技术产业的技术效率是不随时间而变的，同时大多数样本处在最有效率的水平上。广义似然比为13.54，大于 χ^2(2）的临界值5.991，因此，拒绝原假设 $\eta=\mu=0$。可以认为，η 和 μ 至少有一个不为零。

比较模型（5-1）和模型（5-4），模型（5-4）中，提出假设 $\eta=0$。即高技术产业的技术效率是不随时间而变的。广义似然比为7.72，大于 χ^2（2）的临界值3.84，因此，拒绝原假设 $\eta=0$，可以认为，高技术产业的非效率程度是随时间而变化的。另外，由于 $\eta>0$，可以认为高技术产业的效率总体上随时间而不断提高。

比较模型（5-1）和模型（5-5），模型（5-5）中，提出假设 $\mu=0$。即高技术产业的技术效率是不随时间而变的。广义似然比为7.08，大于 χ^2（2）的临界值3.84，因此，拒绝原假设 $\mu=0$，可以认为，绝大多数样本并不处在效率前沿上，或处在效率前沿上的样本只占总样本的少数。

综合以上分析，可以得出如下结论：在研发投入滞后一期时，①使用随机前沿方法是合适的，因为影响前沿的随机冲击在总方差中占有较大比重。②高技术产业的研发生产函数形式为超越对数型生产函数。③高技术产业的效率总体上随时间而不断提高。④t 显著为负，可以认为中国高技术产业的技术水平或生产前沿在随时间而不断退步，生产前沿面并没有随生产的不断增加而向外扩张。

五、研发投入不同滞后期下的研发生产函数形式

研发要素投入与产出的滞后期不同，可能会影响研发生产函数的选择。为谨慎起见，本章同时报告研发投入不滞后和滞后两期情况下的研发生产函数模型选择结果。

1. 研发投入不滞后时的函数形式选择

模型（5-6）至模型（5-10）考察了研发投入不滞后背景下的研发函数选择过程。首先，5个模型的γ值均在1%显著性水平上大于0.5，因此，可以认为考虑随机冲击的影响，使用随机前沿方法而不是数据包络分析方法是合理的。其次，对超越对数型生产函数进行估计，以此作为备择假设，即不包含任何约束条件。模型（5-7）至模型（5-10）分别包含不同的约束条件，作为原假设。

比较模型（5-6）和模型（5-7），可以发现广义似然比为2.67，小于3个约束条件的临界值7.82，因此，不能拒绝原假设，即$\beta_3=\beta_4=\beta_5=0$（三者分别是lnRDL、lnRDK和（lnRDL）（lnRDK）的参数）。因此，研发生产函数的合理形式为柯布—道格拉斯函数。

比较模型（5-7）和模型（5-8）可知，广义似然比为18.66，大于2个约束条件的临界值5.99，因此，拒绝模型（5-8），即η和μ至少有一个不为零。

比较模型（5-7）和模型（5-9）可知，广义似然比为10.50，大于1个约束条件的临界值3.84，因此，拒绝模型（5-9），即η不为零。

比较模型（5-7）和模型（5-10）可知，广义似然比为8.78，大于1个约束条件的临界值3.84，因此，拒绝模型（5-10），即μ不为零。

因此，最终确定的对高技术产业研发生产函数拟合最优的为模型（5-6）。

综合以上分析，可以得出结论：在假设研发投入产出不滞后的情况下，①中国高技术产业的研发生产函数为柯布—道格拉斯型的。②μ显著大于零，这意味着大多数地区的高技术产业并不处在效率前沿上，处在效率前沿的地区只占少数。③η显著大于零，这意味着中国高技术产业的技术效率是随时间而逐步增大

的。④模型（5－7）和模型（5－10）中，t 显著小于零，这意味着高技术产业的技术前沿是退步的。

表 5－4　研发投入不滞后时的研发生产函数形式选择

	模型（5－6）	模型（5－7）	模型（5－8）	模型（5－9）	模型（5－10）
c	2.422***	5.446***	2.631***	3.484***	4.376***
	1.061	0.922	0.693	0.813	1.242
ln（rdl）	0.338	0.391***	0.363***	0.380***	0.357***
	0.452	0.079	0.078	0.077	0.077
ln（rdk）	1.130***	0.606***	0.788***	0.737***	0.676***
	0.380	0.097	0.081	0.085	0.114
（lnrdl）平方	－0.055**	－0.057**	－0.010	－0.001	－0.052**
	0.023	0.022	0.017	0.018	0.024
（lnrdk）平方	0.038	—	—	—	—
	—	—	—	—	—
交叉项	－0.008	—	—	—	—
	—	—	—	—	—
t	－0.042	—	—	—	—
	—	—	—	—	—
σ^2	0.735***	0.705***	1.868***	0.859***	1.427***
	0.144	0.167	0.510	0.166	0.475
γ	0.580***	0.571***	0.813***	0.622***	0.769***
	0.062	0.065	0.054	0.053	0.083
μ	1.306***	1.269***	—	1.461***	—
	0.307	0.308	—	0.345	—
η	0.042***	0.048***	—	—	0.053
	0.012	0.013	—	—	0.015
对数似然函数	－301.93	－303.25	－312.58	－308.50	－307.63
LR 检验	148.79	158.23	139.57	147.73	149.46
广义似然比	—	2.64	18.66	10.50	8.78
临界值	—	7.82	5.99	3.84	3.84

注：数值包含估计结果和相应的 t 统计值。***、**、* 分别表示在 1%、5%、10% 的显著性水平上通过 t 检验。最后一行的临界值为 5% 显著性水平下的临界值。

资料来源：笔者利用 Frontier 4.1 软件计算得来。

表 5-5 研发投入滞后两期时的研发生产函数形式选择

	模型（5-11）	模型（5-12）	模型（5-13）	模型（5-14）	模型（5-15）
c	25.717***	7.331***	2.451	3.101*	25.396***
	4.337	1.083	1.721	1.737	4.031
ln（rdl）	-0.602	0.341***	0.596	0.610	-0.594
	0.463	0.089	0.515	0.524	0.451
ln（rdk）	-1.618**	0.500***	0.835*	0.769	-1.574**
	0.700	0.109	0.485	0.486	0.632
（lnrdl）平方	-0.041	—	-0.128**	-0.130**	-0.041
	0.055	—	0.062	0.061	0.053
（lnrdk）平方	0.033	—	-0.055	-0.053	0.032
	0.055	—	0.057	0.057	0.051
交叉项	0.129	—	0.147	0.149	0.129
	0.104	—	0.118	0.118	0.100
t	-0.078***	-0.094***	0.021	0.023	-0.080***
	0.030	0.037	0.021	0.023	0.029
σ^2	3.508	0.679***	1.827***	0.871***	2.924***
	3.427	0.218	0.518	0.235	1.103
γ	0.926***	0.531***	0.792***	0.569***	0.911
	0.074	0.157	0.064	0.119	0.037***
μ	-0.429	0.854***	—	1.237***	—
	2.351	0.304	—	0.425	—
η	0.112***	0.106***	—	—	0.112***
	0.011	0.019	—	—	0.011
对数似然函数	-248.38	-255.93	-269.20	-267.37	-248.40
LR 检验	135.97	144.03	94.35	97.99	135.93
广义似然比	—	15.10	41.64	37.98	0.04
临界值	—	7.82	5.99	3.84	3.84

注：数值包含估计结果和相应的 t 统计值。***、**和*分别表示在 1%、5%和 10%的显著性水平下通过 t 检验。最后一行的临界值为 5%显著性水平下的临界值。

资料来源：笔者利用 Frontier 4.1 软件计算得来。

2. 研发投入滞后两期的函数形式

模型（5－11）至模型（5－12）考察了研发投入滞后两期背景下的研发函数选择过程。首先，5 个模型的 γ 值均在 1% 显著性水平上大于 0.5，因此，可以认为考虑随机冲击的影响，使用随机前沿方法而不是数据包络分析方法是合理的。其次，对超越对数型生产函数进行估计，以此作为备择假设，即不包含任何约束条件。模型（5－12）至模型（5－15）分别包含不同的约束条件，作为原假设。

比较模型（5－11）和模型（5－12），可以发现广义似然比为 15.10，大于 3 个约束条件的临界值 7.82，因此，不能拒绝原假设，即 $\beta_3=\beta_4=\beta_5=0$（三者分别是 lnRDL、lnRDK 和（lnRDL）（lnRDK）的参数）。因此，研发生产函数的合理形式为超越对数型。

比较模型（5－11）和模型（5－13）可知，广义似然比为 41.64，大于 2 个约束条件的临界值 5.99，因此，拒绝模型（5－13），即 η 和 μ 至少有一个不为零。

比较模型（5－11）和模型（5－14）可知，广义似然比为 37.98，大于 1 个约束条件的临界值 3.84，因此，拒绝模型（5－9），即 η 不为零。

比较模型（5－11）和模型（5－15）可知，广义似然比为 0.04，小于 1 个约束条件的临界值 3.84，因此，拒绝模型（5－11），即 μ 为零。

因此，最终确定的对高技术产业研发生产函数拟合最优的为模型（5－15）。

综合以上分析，可以得出结论：在假设研发投入转化为产出需要滞后两期的情况下，①中国高技术产业的研发生产函数为超越对数型的。②μ 为零，这意味着大多数地区的高技术产业处在效率前沿上，不在效率前沿的地区只占少数。③η 显著地大于零，这意味着中国高技术产业的技术效率是随时间而逐步增大的。④模型（5－15）中，t 显著小于零，这意味着高技术产业的技术前沿是退步的。

第三节　实证分析与稳健性检验

本节首先进行包括核心解释变量和控制变量在内的指标选择，在此基础上利用随机前沿方法对创新活动空间集聚的研发效率影响进行实证检验。其次为了进行稳健性检验，我们选择了不同的核心解释变量，同时对投入产出滞后期进行调整。最后报告了各地区中国高技术产业的研发效率水平。

一、实证结果与分析

制造业研发创新活动在空间的集聚，将为集聚地制造业带来马歇尔外部性或专业化外部性，形成信息和知识在一定空间内的扩散和溢出。“在产业集聚地，机械、流程和商业一般组织的发明和改进，人们很快会谈论它们的优点；如果一个人有一个好的想法，会被别人采纳，这个思想又与他们自己的建议结合起来，成为新思想的源泉”。根据这一想法，本节进一步利用基于随机前沿方法的技术效率模型（TE Model）进行估计和检验。

1. 核心解释变量

实证研究的核心变量是制造业创新活动的空间集聚度。考虑到地区层面对集聚度的衡量，Rosenthal 和 Strange（2004）及范剑勇等（2014）利用绝对集聚度指标（4 种）和相对集聚度指标（1 种）来衡量；另外，本节还借鉴张可与豆建民（2016）使用密度法来衡量地区层面产业集聚度的做法。考虑到技术效率模型（Battese and Coelli，1995）在两步法估计中得到的效率值并不是与当年全国平均值的对比量，因此，我们在衡量集聚度时也使用绝对集聚度衡量，而不能使用相对集聚度衡量。

本书综合使用借鉴了 5 种衡量创新活动空间集聚的指标。表达公式如式（5－16）至式（5－19）所示。

$$AMAR_{1rt} = N_{rt} \tag{5-16}$$

$$AMAR_{2rt} = L_{rt} \tag{5-17}$$

$$AMAR_{3rt} = N_{rt}/S_r \tag{5-18}$$

$$AMAR_{4rt} = L_{rt}/S_r \tag{5-19}$$

其中，N_{rt}表示 t 时期 r 地区的高技术企业办研发机构数量；L_{rt}表示 t 时期 r 地区的研发人员数量；S_r 表示 r 地区的行政区划面积。

2. 控制变量

使用企业平均主营业务收入作为企业平均规模（sca）的代理变量；与生产活动类似，研发活动需要投入大量人力资本、先进的机器设备。企业研发与创新的规模越大，越能够发挥研发活动的规模经济优势。企业实力越雄厚，企业组织和获得更先进研发投入品的能力就越强，企业的平均成本曲线更低；另外，企业规模越大，所能够支撑和组织的研发活动的规模越大，内部规模经济越大。数据来自历年《中国高技术产业统计年鉴》。

使用高技术产业出口的新产品销售收入占高技术产业所有新产品销售收入的比重作为各地高技术产业出口导向（expx）的代理变量；一方面，出口导向可以通过规模经济和“出口中学习”两方面途径提高企业创新能力和创新效率。积极参与出口使企业能够进一步扩大生产规模，获得规模经济优势；另一方面，出口过程中向发达国家企业和市场的学习，也是企业获得技术优势的重要途径。数据来自历年《中国高技术产业统计年鉴》。

使用互联网普及率作为地区信息通信能力（infx）的代理变量；地区交通通信基础设施的完善是地区吸引高端生产要素集聚的重要方式；同时，也会降低地区内部交通运输和通信成本、降低产业之间的交易成本、降低区内和区外企业之间的交易成本，最终优化了地区内企业的资源配置效率。数据来自历年《中国统计年鉴》。

使用地区个体和私营企业就业人数在地区总就业人数（由城镇单位就业、个体企业就业和私营企业就业三部分构成）的占比作为地区市场化程度（marx）

的代理变量。数据来自历年《中国统计年鉴》。

对于地区人力资本水平（hum）的测算，本书借鉴顾乃华等（2006）的测度方法，用当地不同学历程度人数占当地6岁及以上人口数的比例作为权重，对受教育年限进行加权平均。“不识字”为0年，“小学”为6年，“初中”为9年，“高中”为12年，“大专及以上”为15年。研发活动的知识和信息密集度较高，地区人力资本积累越多，一方面，具有研发活动的企业获得自身所需求的专业人才的可能性越大，搜寻成本更低；另一方面，与人力资本稀少的边远地区相比，在人力资本集聚地，研发企业实际支付给同水平人力资本的工资更低。数据来自历年《中国统计年鉴》。

使用生产性服务业从业人数（serq）作为地区多样化经济或地区雅各布斯外部性大小的代理变量。随着制造业和服务业进入融合发展阶段，生产性服务业的发展是制造业规模扩大和专业化分工不断深化的结果，越来越多的制造业，尤其是高技术产业，将物流、法律、财务管理、审计甚至部分零部件的研发和设计外包出去，将已有的资源集中在企业竞争优势最强的板块。因此，地区生产性服务业越发达，地区的多样化外部经济越大，专业化分工越充分，高技术企业越能够集中注意力在优势领域，企业的研发资源配置效率也就越高。数据来自历年《中国第三产业统计年鉴》，统计口径为城镇单位、私营和个体生产性服务业就业人数。

以上变量的统计性描述如表5-6所示。

表5-6　解释变量的统计性描述

变量名	样本数	单位	均值	方差	最小值	最大值
AMAR1	308	个	132.57	261.25	2.00	3019.00
AMAR2	308	人	15536.77	31350.73	46.00	252429.00
AMAR3	308	个/万平方千米	23.20	61.86	0.03	534.92
AMAR4	308	人/万平方千米	2671.41	6650.40	0.58	51938.10

续表

变量名	样本数	单位	均值	方差	最小值	最大值
sca	308	亿元/个	1.67	1.25	0.30	6.90
expx	308	—	0.20	0.19	0.01	0.90
infx	308	—	0.25	0.17	0.02	0.74
marx	308	—	0.50	0.09	0.28	0.73
hum	308	—	8.47	0.97	6.04	12.03
serq	308	千人	0.12	0.10	0.01	0.56

资料来源：笔者计算整理。

3. 研发投入滞后一期时的实证结果分析

表5－7和表5－8报告了计量模型（5－16）至模型（5－19）的实证检验结果。首先观察γ值，4个模型的γ值均在1%的显著性水平上显著大于0.75，因此，可以认为，使用随机前沿方法对高技术产业进行研发效率测度优于数据包络方法（DEA），因为对生产前沿的随机冲击在总误差中占了75%以上。其次观察不同模型参数估计值的变动。可以发现，在使用不同创新活动集聚度指标的情况下，无论是研发生产函数部分，抑或非效率回归部分，参数估计值和显著性水平的变化较小，进一步证明回归结果的稳健性。

对研发生产函数或知识生产函数的估计结果显示，多数模型中t显著为负，这说明2003～2013年中国高技术产业研发生产函数的前沿是退步的，技术进步并不存在。

模型（5－16）至模型（5－19）的区别在于使用了不同的衡量创新活动集聚度的指标。对核心解释变量的估计结果显示，4个模型中不同的反映创新活动集聚度的指标都在1%的显著性水平上显著为负，即创新活动集聚度越高，研发非效率越低，研发效率越高。高技术产业创新活动的空间集聚确实能够产生相关的知识溢出和技术扩散，在集聚地面对面的交流能够促进非编码化和缄默知识和信息的传播，降低了集聚地高技术企业的研发风险，提高了研发资源在可行创新中的配置，即提供了研发资源的配置效率。

表 5-7 研发投入滞后一期情况下的回归结果

指标/模型	模型（5-16）		模型（5-17）	
	参数	标准误	参数	标准误
研发生产函数				
c	15.03 ***	2.041	16.522 ***	2.682
lnRDL	-0.336	0.504	-0.949	0.588
lnRDK	-0.18	0.548	0.053	0.506
（lnRDL）^2	-0.283 ***	0.069	-0.318 ***	0.074
（lnRDK）^2	-0.122 **	0.062	-0.165 ***	0.063
（lnRDL）（lnRDK）	0.434 ***	0.129	0.529 ***	0.14
t	-0.091 ***	0.022	-0.076 ***	0.023
非效率估计				
c	1.216	2.026	2.074	2.55
lnAMAR1	-0.569 ***	0.129	—	—
lnAMAR2	—	—	-0.485 ***	0.161
lnserq	-0.129	0.129	-0.211	0.132
lnsca	-0.376 ***	0.146	-0.31 **	0.148
lnexpx	-0.381 ***	0.064	-0.401 ***	0.065
lninfx	-0.442 ***	0.146	-0.475 ***	0.146
lnmarx	0.547	0.388	0.546	0.381
lnhum	0.561	0.79	0.988	0.811
σ^2	0.548 ***	0.062	0.593 ***	0.067
γ	0.845 ***	0.101	0.913 ***	0.057
对数似然函数	-273.06	—	-281.94	—
LR 值	126.49	—	108.73	—

注：数值包含估计结果和相应的 t 统计值。***、** 和 * 分别表示在 1%、5% 和 10% 的显著性水平上通过 t 检验。在非效率估计部分，负值表示该解释变量越大，非效率程度越低，效率越高，即解释变量和效率成正比。

资料来源：笔者利用 Frontier 4.1 软件计算得来。

控制变量方面。对于地区多样化经济，模型（5-18）和模型（5-19）的实证结果显示，地区多样化经济或雅各布斯外部性的代理变量在1%显著性水平上显著不为零，因此，地区的雅各布斯外部性程度能够有效促进高技术产业研发活动的效率。企业平均规模的扩大对研发活动的效率具有显著的正影响，企业规模扩大可以发挥内部规模经济优势，降低研发的平均成本，同时雄厚的企业实力也可以使企业获得更加专业的研发设备和更高水平研发人员，这些因素促进了研发效率的提升。

表5-8　研发投入滞后一期情况下的回归结果

指标/模型	模型（5-18）		模型（5-19）	
	参数	标准误	参数	标准误
研发生产函数				
c	15.158***	1.733	17.143***	2.115
lnRDL	-0.235	0.48	-0.843*	0.495
lnRDK	-0.256	0.495	-0.076	0.504
（lnRDL）^2	-0.302***	0.065	-0.337***	0.071
（lnRDK）^2	-0.131**	0.058	-0.173***	0.06
（lnRDL）（lnRDK）	0.458***	0.122	0.553***	0.13
t	-0.068***	0.022	-0.054**	0.022
非效率估计				
c	-6.089***	1.641	-4.828**	1.939
lnAMAR3	-0.392***	0.062	—	—
lnAMAR4	—	—	-0.414***	0.075
lnserq	-0.583***	0.115	-0.627***	0.13
lnsca	-0.451***	0.145	-0.385***	0.138
lnexpx	-0.319***	0.059	-0.332***	0.062
lninfx	-0.424***	0.142	-0.439***	0.147
lnmarx	0.738**	0.382	0.760*	0.406
lnhum	2.787***	0.74	3.136***	0.864
σ^2	0.505***	0.056	0.537***	0.061

续表

指标/模型	模型（5－18）		模型（5－19）	
	参数	标准误	参数	标准误
γ	0.76***	0.076	0.842***	0.093
对数似然函数	－265.538	—	－270.155	—
LR 值	141.536	—	132.302	—

注：数值包含估计结果和相应的 t 统计值。***、**和*分别表示在 1%、5%和 10%的显著性水平上通过 t 检验。在非效率估计部分，负值表示该解释变量越大，非效率程度越低，效率越高，即解释变量和效率成正比。

资料来源：笔者利用 Frontier 4.1 软件计算得来。

表 5－9　研发投入不滞后情况下的研发非效率估计结果

	模型（5－20）	模型（5－21）	模型（5－22）	模型（5－23）
c	2.214	1.646	－3.492**	－2.326
	1.885	2.264	1.632	1.628
ln－AMAR1	－0.421***	—	—	—
	0.086	—	—	—
ln－AMAR2	—	－0.268***	—	—
	—	0.093	—	—
ln－AMAR3	—	—	－0.274***	—
	—	—	0.05	—
ln－AMAR4	—	—	—	－0.26***
	—	—	—	0.055
ln－serq	－0.145	－0.244**	－0.484***	－0.485***
	0.109	0.111	0.1	0.102
ln－sca	－0.52***	－0.481***	－0.557***	－0.501***
	0.117	0.12	0.118	0.117
ln－expx	－0.396***	－0.402***	－0.362***	－0.364***
	0.051	0.051	0.053	0.053
ln－infx	－0.254*	－0.302***	－0.263**	－0.258**
	0.133	0.141	0.128	0.131
ln－marx	0.749**	0.672**	0.91	0.811**
	0.344	0.336	0.353***	0.342

续表

	模型（5－20）	模型（5－21）	模型（5－22）	模型（5－23）
ln－hum	0.201	0.601	1.951	1.972***
	0.743	0.78	0.726***	0.738
σ^2	0.536***	0.554***	0.536***	0.537***
	0.05	0.055	0.049	0.051
γ	0.876***	0.9***	0.871***	0.875***
	0.071	0.072	0.073	0.081
对数似然函数	－307.709	－315.318	－304.534	－308.448
LR 检验	149.307	134.09	155.657	147.829

注：为简化起见，略去研发生产函数估计部分，仅报告技术非效率部分的估计结果。***、**和*分别表示在1%、5%和10%的显著性水平上通过t检验。

资料来源：笔者利用 Frontier 4.1 软件计算得来。

在模型（5－20）至模型（5－23）中，企业外向度越高，企业研发活动效率越高。积极参与出口的企业通过规模优势和“出口中学习”效应，能够获得更多关于外部市场的需求信息，更加明确产品研发的方向，实现了对研发资源的有效配置。地区信息基础设施的完善通过降低搜寻成本和交易成本，一定程度上降低了企业的研发投入。

表5－10 研发投入滞后两期情况下的研发非效率估计结果

	模型（5－24）	模型（5－25）	模型（5－26）	模型（5－27）
c	－1.159***	—	－7.506***	－6.356***
	2.488	—	2.288	2.42
ln－AMAR1	－0.522***	—	—	—
	0.136	—	—	—
ln－AMAR2	—	－0.54***	—	—
	—	0.181	—	—
ln－AMAR3	—	—	－0.384***	—
	—	—	0.069	—

续表

	模型（5－24）	模型（5－25）	模型（5－26）	模型（5－27）
ln－AMAR4	—	—	—	－0.447***
	—	—	—	0.083
ln－serq	－0.199	－0.239	－0.618***	－0.676***
	0.147	0.154	0.133	0.138
ln－sca	－0.372***	－0.284	－0.482***	－0.405**
	0.178	0.184	0.161	0.169
ln－expx	－0.36***	－0.386***	－0.284***	－0.291***
	0.073	0.076	0.069	0.073
ln－infx	－0.642***	－0.672***	－0.583***	－0.583***
	0.179	0.167	0.161	0.175
in－marx	0.61	0.56	0.892**	0.874**
	0.443	0.437	0.409	0.429
ln－hum	1.311	1.674*	3.387***	3.85***
	0.976	0.957	0.95	1.058
σ^2	0.673***	0.711***	0.625***	0.64***
	0.083	0.086	0.072	0.079
γ	0.921***	0.941***	0.922***	0.942***
	0.051	0.036	0.057	0.05
对数似然函数	－260.836	－265.254	－253.011	－254.08
LR 检验	111.067	102.23	126.716	124.58

注：为简化起见，略去研发生产函数估计部分，仅报告技术非效率部分的估计结果。***、**和*分别表示在1%、5%和10%的显著性水平上通过t检验。

资料来源：笔者利用 Frontier 4.1 软件计算得来。

需要注意的是，在模型（5－16）和模型（5－17）中，区域市场化程度和地区人力资本优势对区域高技术产业的研发效率并没有显著影响，模型（5－17）和模型（5－18）中，显著性也不够稳定。可能的原因是中国高技术产业的研发对高水平人力资本的依赖依然较弱，人力资本在研发中的贡献依然很低，国外技术或设备的直接引进现象依然普遍存在。

二、研发投入不同滞后期下的影响因素显著性检验

第二节的函数形式检验发现，在研发投入不滞后的情况下，研发生产函数应该采用柯布—道格拉斯形式。那么，在新的函数形式下，制造业创新活动集聚依然能够显著促进高技术产业研发效率提升吗？表5－9中模型（5－20）至模型（5－23）的回归结果对此做出了肯定回答。在柯布—道格拉斯研发生产函数形式下，创新活动的空间集聚依然能够在1%显著性水平上促进创新绩效或研发效率的提升。

在研发投入滞后两期的情况下，中国高技术产业的研发生产函数应该使用超越对数形式。表5－10中模型（5－24）至模型（5－27）报告了不同专业化经济测度方法下，产业集聚所导致的专业化经济程度对产业研发效率的影响。根据表5－10可知，创新活动空间集聚能够有效促进产业创新绩效或研发效率的提升。

将滞后零期、滞后一期和滞后两期的研发非效率回归结果进行对比，可以发现：核心解释变量和控制变量对研发非效率的方向是一致的，并没有发生异常的变化。因此，回归结果是可信的。

三、高技术产业的研发效率值

本节首先报告和分析当研发投入滞后零期时，随机前沿方法所测度的各地区高技术产业研发效率；在此基础上利用相关系数分析方法将研发投入产出滞后一期、滞后二期时的效率测算结果与滞后零期时的效率结果进行对比分析（见表5－11）。

表5－11　2009～2013年研发投入滞后零期情况下各省份研发效率值

省份	2009年	2010年	2011年	2012年	2013年	2013年排名	年均增速
北京	0.758	0.762	0.752	0.664	0.740	4	17.42
天津	0.676	0.693	0.661	0.809	0.900	3	4.78

续表

省份	2009 年	2010 年	2011 年	2012 年	2013 年	2013 年排名	年均增速
河北	0.08	0.103	0.111	0.208	0.258	17	23.31
山西	0.103	0.215	0.131	0.156	0.144	22	15.21
内蒙古	0.012	0.095	0.071	0.103	0.190	20	46.18
辽宁	0.15	0.209	0.255	0.256	0.279	15	3.57
吉林	0.091	0.085	0.155	0.166	0.225	19	21.39
黑龙江	0.039	0.039	0.051	0.064	0.076	27	-5.6
上海	0.558	0.55	0.501	0.445	0.39	11	1.58
江苏	0.673	0.687	0.881	0.901	0.908	1	11
浙江	0.283	0.351	0.462	0.517	0.635	8	10.12
安徽	0.128	0.134	0.3	0.414	0.412	10	15.65
福建	0.516	0.591	0.681	0.704	0.698	6	0.64
江西	0.111	0.154	0.173	0.227	0.303	13	19.01
山东	0.457	0.524	0.642	0.651	0.644	7	13.66
河南	0.159	0.177	0.162	0.161	0.279	14	13.04
湖北	0.224	0.261	0.237	0.313	0.327	12	38.43
湖南	0.155	0.216	0.316	0.35	0.717	5	38.4
广东	0.642	0.829	0.869	0.88	0.903	2	11.19
广西	0.064	0.079	0.078	0.165	0.279	16	25.39
海南	0.026	0.017	0.037	0.046	0.070	28	25.63
重庆	0.248	0.251	0.656	0.28	0.254	18	19.07
四川	0.307	0.103	0.126	0.39	0.456	9	10.38
贵州	0.078	0.103	0.057	0.079	0.11	25	8.31
云南	0.116	0.123	0.141	0.109	0.162	21	16.39
陕西	0.082	0.116	0.143	0.139	0.129	23	12.22
甘肃	0.051	0.094	0.093	0.125	0.124	24	21.91
宁夏	0.084	0.126	0.098	0.087	0.097	26	19.35

资料来源：笔者计算整理。

1. 研发投入产出滞后零期时的研发效率值

当假定研发投入到产出滞后零期时，我们得到 2004 ~ 2013 年的各省份高技术产业研发效率估计结果。

从动态的视角来看，2003 ~ 2013 年，除黑龙江的年均增速为负值外，其余 27 个省份的高技术产业研发效率均有所提升。年均增速最快的三个省份是中部地区的内蒙古、湖北和湖南，增速分别为 46.18%、38.43% 和 38.40%；增速最慢的三个省份为上海、福建和黑龙江，增速仅为 1.58%、0.64% 和 -5.60%。

从静态的视角来看，2003 年效率最高的三个省份为福建（0.66）、天津（0.56）和上海（0.33）；最低的三个省份为湖北（0.01）、海南（0.01）和内蒙古（0.004）；但截至 2013 年底，效率最高的三个省份为江苏（0.908）、广东（0.903）和天津（0.900），最低的三个省份为宁夏（0.097）、黑龙江（0.076）和海南（0.070）（见表 5-11）。

分区域的统计结果如图 5-13、图 5-14 和表 5-12 所示。首先观察均值，2003 ~ 2013 年，无论东部还是中西部，研发效率均有所上升，全国平均水平从 0.138 上升到 0.382，年均增速为 10.71%。截至 2013 年底，东部、中部、西部研发效率分别达到 0.584、0.310 和 0.200，其中只有东部地区研发效率高于全国水平（0.382）。

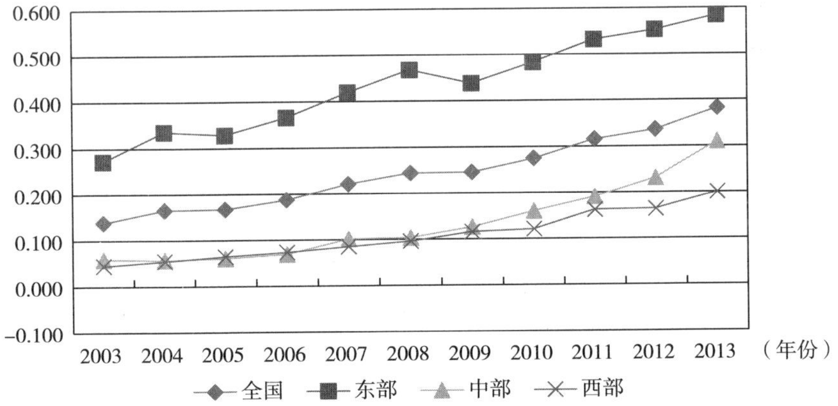

图 5-13 2003 ~ 2013 年各地区高技术产业研发效率均值

资料来源：笔者绘制。

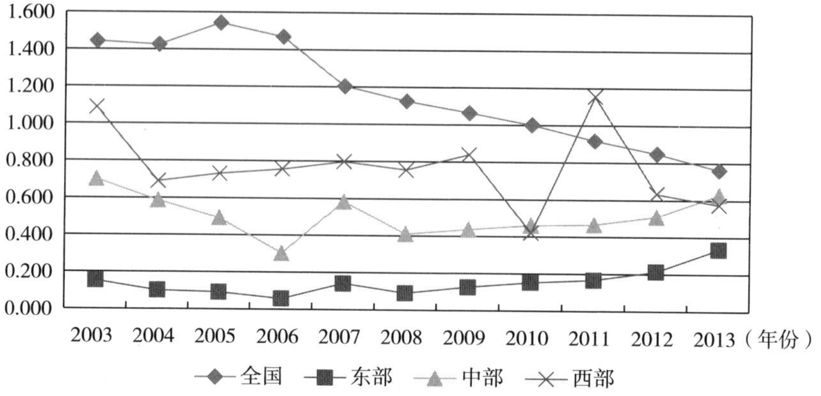

图 5－14　2003～2013 年各省份高技术产业研发效率变异系数

资料来源：笔者绘制。

变异系数反映了 28 个省份研发效率的波动情况。从图 5－13 和表 5－12 中可以看出，全国范围内，28 个省份的效率差异在不断缩小。因为研发效率较低的省级普遍存在较快的提高，而研发效率较高的地区则增长缓慢。在东部 11 个地区内，研发效率的差异呈“U”形变动趋势。而中部的 8 个地区内，研发效率的变异系数同样呈“U”形变动趋势，意味着 2004～2007 年的变异系数在下降，各地区之间的研发效率差异在缩小，但 2007 年之后，研发效率的差异又呈不断扩大的趋势。西部地区内研发效率的变异系数整体上为下降趋势，但在 2011 年有所上升，其主要原因是与 2010 年相比，内蒙古和广西的研发效率存在较大程度提升，内蒙古的研发效率从 0. 103 提高到 0. 190，广西的研发效率从 0. 165 提升到 0. 279。

表 5－12　2009～2013 年研发投入滞后零期情况下主要年份各省份研发效率特征

地区 \ 年份		2003	2006	2008	2010	2011	2012	2013
均值	全国	0. 138	0. 187	0. 244	0. 274	0. 316	0. 336	0. 382
	东部	0. 272	0. 366	0. 468	0. 483	0. 532	0. 553	0. 584
	中部	0. 059	0. 069	0. 104	0. 160	0. 191	0. 231	0. 310
	西部	0. 045	0. 074	0. 096	0. 121	0. 162	0. 164	0. 200

续表

地区 \ 年份		2003	2006	2008	2010	2011	2012	2013
变异系数	全国	1.443	1.469	1.125	1.001	0.918	0.849	0.763
	东部	0.153	0.057	0.091	0.152	0.167	0.213	0.334
	中部	0.701	0.302	0.410	0.459	0.465	0.509	0.629
	西部	1.086	0.756	0.755	0.420	1.155	0.634	0.576

资料来源：笔者计算整理。

2. 不同滞后期情况下研发效率估计值对比

当研发投入产出滞后不同期时，所测度的研发效率是否一致？我们将滞后零期、滞后二期的结果与滞后一期的结果进行对比。由于不同滞后期下的研发效率不能进行绝对值大小的比较，因此，本书的具体方法包括考察相同省份在不同滞后期下的效率相关性以及相同年份不同省份之间的相关性（见表5－12和表5－13）。

表5－13 相同省份不同滞后期的研发效率相关性

省份	滞后零期～滞后一期	滞后零期～滞后二期	滞后一期～滞后二期
北京	0.991	0.964	0.987
天津	0.901	0.953	0.881
河北	0.997	0.996	0.999
山西	0.737	0.699	0.973
内蒙古	0.97	0.971	0.965
辽宁	0.944	0.913	0.936
吉林	0.982	0.989	0.991
黑龙江	0.973	0.982	0.970
上海	0.951	0.950	0.966
江苏	0.990	0.992	0.998
浙江	0.982	0.929	0.958
安徽	0.994	0.995	0.994

续表

省份	滞后零期～滞后一期	滞后零期～滞后二期	滞后一期～滞后二期
福建	0.918	0.980	0.942
江西	0.995	0.996	0.997
山东	0.988	0.984	0.985
河南	0.989	0.986	0.986
湖北	0.988	0.975	0.991
湖南	0.98	0.987	0.989
广东	0.983	0.996	0.976
广西	0.993	0.997	0.99
海南	0.900	0.869	0.762
重庆	0.974	0.996	0.984
四川	0.973	0.936	0.899
贵州	0.725	0.801	0.484
云南	0.962	0.963	0.995
陕西	0.974	0.950	0.985
甘肃	0.984	0.983	0.991
宁夏	0.931	0.931	0.973

资料来源：笔者整理计算。

表5－13计算的是相同省级在不同滞后期下的研发效率时间序列的线性相关程度。以北京滞后零期和滞后一期研发效率相关系数0.991为例，其表示：北京在研发投入产出滞后零期情况下计算的2004～2013年研发效率时间序列和滞后一期情况下计算的2004～2013年研发效率时间序列的相关为0.991，由于其接近于最大值1，因此表明，两种滞后期下的2004～2013年北京研发效率变动趋势是基本一致的。

首先，比较滞后零期与滞后一期情况下的相关系数。28个省份中仅有贵州的系数为0.725，说明滞后零期时的贵州研发效率演进趋势和滞后一期时的演进趋势具有一定程度的差异性。有27个省份的相关系数在0.900以上。因此，基本可以认定，滞后零期情况下各省份的研发效率趋势和滞后一期情况下的各省份研发效率趋势基本一致。

其次，比较滞后零期与滞后二期情况下的相关系数。有 27 个省份的相关系数大于0.9，仅有贵州一地的相关系数较低，为 0.801。同样可以认定，滞后零期情况下各省份的研发效率趋势和滞后二期情况下的各地区研发效率趋势基本一致。

表 5 - 14 报告了相同年份不同滞后期下的 28 个省份研发效率的截面相关关系。以 2005 年滞后零期和滞后一期的相关性 0.988 为例，其表示的是 2005 年研发投入产出滞后零期情况下计算的 28 个研发效率值和研发投入产出滞后一期情况下计算的 28 个研发效率值相关性高达 0.988，接近于 1，说明同年份不同滞后期情况下的 28 个省份研发效率的相对大小并没有发生变化，在滞后零期时研发效率大的地区，在滞后一期时依然是研发效率大的省份。

表 5 - 14　相同年份不同滞后期的各省份研发效率相关性

年份	滞后零期 ~ 滞后一期	滞后零期 ~ 滞后二期	滞后一期 ~ 滞后二期
2005	0.988	0.988	0.995
2006	0.986	0.986	0.993
2007	0.990	0.987	0.994
2008	0.990	0.993	0.993
2009	0.994	0.989	0.991
2010	0.985	0.989	0.996
2011	0.987	0.984	0.993
2012	0.973	0.976	0.981
2013	0.983	0.969	0.979

资料来源：笔者整理计算。

首先，比较滞后零期和滞后一期情况下的相关性，发现所有年份的相关系数均大于0.99。这说明，滞后零期情况下各地研发效率的相对大小和滞后一期情况下各地研发效率的相对大小保持一致。其次，比较滞后零期和滞后二期情况下的相关性，同样可以得出比较一致的结论。

综合以上分析，可以得出结论：无论研发投入产出滞后零期、滞后一期还是滞后二期，所得出的各省份研发效率的相对大小具有较高的一致性；所得出的各省份研发效率随时间的演进趋势同样具有比较高的一致性。

第四节　本章小结

本章的主要目的在于探讨制造业创新活动的空间集聚是否有助于创新绩效或研发效率的提升。为了增加研究时限和获得尽可能多的样本，本书选择了以2003～2013年省级高技术制造业创新活动与创新绩效为研究对象，而未选择整个制造业。

第一节对2003～2013年中国高技术产业及分地区的研发投入—产出情况进行了统计性描述。统计发现：①2003～2013年中国高技术产业的研发人员全时当量、研发经费内部支出、新产品产值均以较快速度增长，年均增速分别高达15.90%、22.79%和20.45%。②从东部、中部、西部分区域的角度来看，2013年东部在研发投入和产出上的占比均在80%以上。中西部的占比虽有所上升，但比重依然较小。③无论是中国高技术产业还是中国制造业，研发强度均有所上升，但仍远低于发达国家平均水平。2013年中国高技术产业和中国制造业的研发强度分别为1.49%和0.70%，但发达国家的平均水平在2006年时已经达到9.39%。

第二节的主要内容是在选择合适的研究方法的基础上对研发效率函数以及研发效率分布特征进行估计和假设检验。①比较分析了数据包括分析方法和随机前沿方法在研究效率问题上的优劣势。其最大的不同点在于：前者不考虑随机冲击，后者考虑随机冲击对生产函数的影响，即作为前沿面的生产函数，可能会受到随机冲击的影响，前沿面并不是一成不变的、确定的，而是在随机冲击的影响下变化的。考虑到本章所要研究的是高技术产业的研发效率值而非研发效率指数，同时中国高技术产业的前沿面可能会受到随机冲击的影响，本书最终选择随机前沿方法进行研究。②利用随机前沿方法，在研发投入变量滞后零期、滞后一期和滞后二期的情况下估算研发生产函数或知识生产函数。研究发现，在研发投入变量滞后零期的情况下，研发生产函数形式被认为是柯布—道格拉斯形式；而在研发投入变量滞后一期和滞后二期时，研发生产函数形式被认为是超越对数形式。③检验各地区研发效率的分布特征。研究发现，地区研发效率的分布更接近截尾正态分布，而非半正态分布；对时变性的检验发现，各地区高技术产业的研发效率是随时间存在显著变化的。④由于使用的是面板数据，通过在研发生产函数中加入时间项，我们发现：无论采用研发投入滞后几期的模型，中国高技术产业的研发生产函数前沿面在2003～2013年均存在较小幅度的退步。

在第三节，我们实证检验了高技术产业研发创新活动的空间集聚是否有助于其研发效率的提升。①为了增加研究结果的可信度，我们使用了四种衡量研发创新活动空间集聚度的指标，即地区高技术企业办研发机构数、地区高技术产业研发人员数、地区高技术企业办研发机构空间密度及地区高技术产业研发人员空间密度。无论采用哪种测度指标，高技术产业研发创新活动的空间集聚都能显著地提升集聚地的研发活动效率。②在控制变量方面，高技术企业平均规模、高技术产业外向度、地区通信基础设施完善程度以及地区经济多样化程度等因素，均能在一定程度上促进当地研发效率的提升。研发投入滞后零期、滞后一期和滞后二期的模型均能稳健地支持上述结论。③2003～2013年，除黑龙江的研发效率有所下降外，其余27个省份的研发效率值均获得不同程度的提高。各省份研发效率的均值从2003年的0.138提高到2013年的0.382。截至2013年，研发效率最高的三个省份分别为江苏（0.908）、广东（0.903）和天津（0.900），最低的三个省份为宁夏（0.097）、黑龙江（0.076）和海南（0.070）。另外，利用不同滞后期和研发生产函数形式测度得到各省份研发效率值具有高度的线性相关性：各省份研发效率的时间序列是高度线性相关的，各省份之间研发效率的高低顺序也是一致的。

第六章　研发效率的空间相关性与收敛性分析

在第五章利用随机前沿方法测度出 2003 ~ 2013 年中国高技术产业各省份研发效率的基础上，本章将利用收敛性理论和空间相关性测度方法，进一步回答如下两个问题：其一，各省份的研发效率或研发能力是相互独立的吗？抑或是否存在一定的空间相关性？如果各省份产业的研发能力存在一定的空间相关性，这就说明，本区域研发能力的提升在受到自身产业相关发展条件和本地软硬件环境影响的基础上，同时还受到周边省份研发创新效率的影响。这为研发创新活动的区域协同发展提供了一定的实证支撑。同时，各地方政府“各人自扫门前雪，休管他人瓦上霜”的发展思路和做法，甚至企图通过地方保护主义行为阻碍创新要素跨区域流动的做法，不仅有损于周边省份研发能力的提升，而且也不利于自身研发资源的高效配置与利用。其二，各省份研发效率是否存在趋同或收敛现象。探讨这一问题的意义在于可以为政府和企业研发资源的空间配置提供一定的实证依据。

第一节　中国高技术产业研发效率的空间相关性

地理学第一定律（First Law of Geography）指出：任何事物之间都存在相关性，只是离得近的事物之间总比离得远的事物之间联系得更紧密，即空间是非中性的（Tobler，1970）。空间距离较近的事物之间似乎比空间距离较远的事物之间发生了更多的相互联系和相互影响。我们不禁要问，研发活动是这样的吗？空间上相互邻近的省份之间的研发活动是否会相互影响？若某个省份邻近高研发效率省份，它是否会通过共享当地的高水平劳动市场、发达的中间品市场和服务业市场甚至通过技术扩散或知识溢出而降低自身的研发投入成本，从而一定程度上提升自身研发效率？换言之，各省份的研发效率高低仅受自身软硬件环境的影响吗？是否周边省份的软硬件环境同样有助于本地研发效率的提升？是否与低效率研发省份的邻近阻碍了本省份研发效率的提高？本书将利用空间统计的相关方法对以上问题进行初步探讨。

一、全局空间自相关分析

全局空间自相关分析考虑的是整个空间序列的空间相关状态，并不报告某一省份与周边省份的空间相关性大小。已有的相关文献中主要采用全局 Moran's I 指数、Geary's C 指数及 Getis 和 Ord's G 指数。全局 Moran's I 指数的具体计算公式为式（6－1）至式（6－2）。

$$\text{Moran's I} = \frac{\sum_{i=1}^{n}\sum_{j=1}^{n} w_{ij}(x_i - \bar{x})(x_j - \bar{x})}{s^2 \sum_{i=1}^{n}\sum_{j=1}^{n} w_{ij}} \tag{6-1}$$

$$s^2 = \frac{\sum_{i=1}^{n}(x_i - \bar{x})^2}{n} \tag{6-2}$$

其中，n 为所要研究的所有区域个数，在本书中为 28 个省份，x_i 为区域 i 的研发效率，w_{ij} 为空间权重矩阵，反映区域 i 和区域 j 的临近程度。借鉴已有文献的通行做法，本书采用 0～1 赋值法，将具有共同省界的赋值为 1，否则赋值为 0。Moran's I 指数取值范围为［－1，1］，正值表示研发效率接近的区域聚集在一起，即高研发效率的区域聚在一起，同时低研发效率的区域在空间上邻近；负值则正好相反，表明高研发效率的区域和低研发效率的区域在空间上更邻近。取值接近于零，表示各区域之间的研发效率高低是无关的，邻近区域之间无相互影响，不具有空间相关性，即空间是中性的。

由于标准化的 Moran's I 指数服从渐进标准正态分布，因此可以构建相应的 Z 统计量进行检验，表达公式为式（6-3）至式（6-8）：

$$Z=\frac{Moran's\ I-E\ (Moran's\ I)}{\sqrt{D\ (Moran's\ I)}} \tag{6-3}$$

$$E\ (Moran's\ I)\ =-\frac{1}{n-1} \tag{6-4}$$

$$D\ (Moran's\ I)\ =\frac{n^2w_1+nw_2+3w_0^2}{w_o^2\ (n^2-1)}-\ [E\ (Moran's\ I)]^2 \tag{6-5}$$

$$w_0=\sum_{i=1}^{n}\sum_{j=1}^{n}w_{ij} \tag{6-6}$$

$$w_1=\frac{1}{2}\sum_{i=1}^{n}\sum_{j=1}^{n}(w_{ij}+w_{ji})^2 \tag{6-7}$$

$$w_2=\sum_{i-1}^{n}(w_{i*}+w_{*i})^2 \tag{6-8}$$

Geary's C 指数的表达公式为：

$$C=\frac{(n-1)\sum_{i=1}^{n}\sum_{j-1}^{n}w_{ij}(x_i-x_j)^2}{2(\sum_{i=1}^{n}\sum_{j-1}^{n}w_{ij})[\sum_{i=1}^{n}(x_i-\bar{x})^2]} \tag{6-9}$$

其中，各部分的含义与 Moran's I 指数保持一致。需要注意的是，Geary's C 指数的取值范围为［0，2］。取值大于 1 表示负相关，即高研发效率地区和低研发效率地区更临近；取值等于 1 表示不同区域的研发效率不存在相互影响，研发效率的空间分布是随机的；取值小于 1 表示正相关，即高研发效率地区更邻近，同时低研发效率地区更临近。越接近 0，正相关程度越大。

Getis 和 Ord's G 指数的表达公式为：

$$G = \frac{\sum_{i=1}^{n}\sum_{j-1}^{n} w_{ij}x_ix_j}{\sum_{i=1}^{n}\sum_{j\neq 1}^{n} w_{ij}x_ix_j} \tag{6-10}$$

其中，各部分的含义与 Moran's I 指数保持一致。Getis 和 Ord's G 指数比 Moran's I 指数、Geary's C 的最大区别在于，它可以提供高值正相关还是低值正相关的判断。在 1% 显著性水平上，如果标准化的 G 指数大于 2.58，则表明，不仅存在正相关，而且是高研发效率地区与高研发效率地区更临近的正相关；相反，如果标准化的 G 指数小于 -2.58，则认为存在正相关，而且是低研发效率地区与低研发效率地区更邻近的正相关。

三种指数的测度结果如表 6-1 所示。第一，观察全局 Moran's I 指数的测度结果。2003 ~ 2013 年系数的均值为 0.215，除 2005 年外均在 10% 的显著性水平上显著为正数，这表明各个地区高技术产业的研发效率存在相互影响，即存在高研发效率地区集聚，同时存在低研发效率空间集聚。截至 2013 年底，高研发效率地区主要包括环渤海地区的天津、北京和山东，长三角地区的江苏和浙江，泛珠三角的广东和福建，以及中部地区的湖南。2003 ~ 2013 年，广大中西部地区的研发效率各有提升，但与中国三大高技术产业集聚地的研发效率依然存在很大差异，仍然属于低研发效率集聚地。

表 6-1　2003 ~ 2013 年中国高技术产业研发效率的全局空间自相关情况

指标 年份	Moran's I		Geary's C		Getis 和 Ord's G	
	系数	Z 值	系数	Z 值	系数	Z 值
2003	0.191**	2.045	0.585**	-1.961	0.152	0.02
2004	0.175**	1.893	0.528**	-2.259	0.147	-0.109
2005	0.138	1.553	0.554*	-2.193	0.136	-0.365
2006	0.161*	1.744	0.547*	-2.294	0.145	-0.148
2007	0.246**	2.404	0.479***	-3.138	0.145	-0.167
2008	0.251**	2.425	0.54***	-2.913	0.149	-0.05

续表

指标 年份	Moran's I		Geary's C		Getis & Ord's G	
	系数	Z 值	系数	Z 值	系数	Z 值
2009	0.23**	2.246	0.583***	-2.655	0.147	-0.136
2010	0.206*	2.05	0.631**	-2.314	0.149	-0.067
2011	0.215*	2.112	0.671**	-2.21	0.151	-0.004
2012	0.276***	2.632	0.602**	-2.551	0.163	0.557
2013	0.276***	2.614	0.606***	-2.654	0.166	0.751

注：***、**和*分别表示在1%、5%和10%的显著性水平上通过t检验。
资料来源：笔者利用Stata12.0软件计算整理。

之所以出现这样的现象，可能的原因是：一个地区高技术产业空间集聚所创造的马歇尔外部经济，包括专业劳动市场共享、中间品市场发育以及知识溢出，不仅可以提高本地高技术产业的研发效率，而且还存在省际扩散。即以环渤海地区的北京和天津为例，北京在经历工业化中后期时，产业结构不断高级化，制造业内部结构也逐渐向知识和技术密集型转型，同时结合中国高等教育集聚地的优势，在北京本地形成了高水平的人力资本市场，或称高级要素市场。北京的人力资本市场不仅降低了北京本地研发创新活动对人力资本的搜寻成本，而且降低了北京本地专业技术人才所面临的失业风险，同时还降低了天津高技术企业研发创新活动对人力资本的搜寻成本，也降低了天津专业技术人才所面临的失业风险，因为京津交通一体化降低了要素跨地区的流动成本，天津的专业技术人才在北京就业的可能性增加了。随着北京跨越工业化阶段和后工业化时期的到来，北京的研发资源集聚地对周边地区的溢出相应将不断增加。

另外，Moran's I 指数给出的重要信息还包括0.215左右的相关系数。虽然显著不为零，但由于更接近于零，因此，不同区域研发效率的相互影响程度较弱，每一个地区研发效率的高低仍然主要受本地因素的影响。

第二，观察Geary's C 指数的系数与z值。Geary's C 是反向指数，取值在

［0，2］之间，大于 1 表示负相关，即高研发效率区域和低研发效率区域更邻近；1 表示随机分布，区域之间不存在相互影响；小于 1 表示正相关，即高研发效率区域更临近，低研发效率区域更临近。从表 6－1 中可以看出，2003～2013 年，Geary C 指数均在 5% 显著性水平上显著为正，因此，可以认为区域研发效率之间存在正相关关系，即高研发效率地区更加邻近，同时低研发效率地区也更加邻近。11 个回归系数比较稳定，在 0.6 上下波动，其均值为 0.575，属于 0.5 和 1 之间，并不接近于 0，因此，可以认为区域研发效率虽然并不独立，但周围区域研发效率对本地区研发效率的影响是非常有限的。这进一步印证了 Moran's I 指数的测度结果。

第三，观察 Getis 和 Ord's G 指数。2003～2013 年 Getis 和 Ord's G 指数稳定在 0.15 左右，均值为 0.150，通过 z 值可以看出，0.15 的系数均不显著。该指数认为不同区域之间并无显著影响，区域研发效率是相互独立的。这和 Moran's I 指数、Geary's C 指数的测度结果并不一致。

综合以上分析，可以得出结论：不同省份高技术产业的研发效率之间虽然存在一定程度的正相关性，即高研发效率区域更临近，低研发效率区域也更加临近，但由于影响系数较低，可以认为这种空间相关性是比较弱的。

二、局部空间自相关性分析

全局空间自相关考察的是某一时点上所有区域的空间相关情况，并没有回答某一时点上某个区域附近的空间集聚情况。或者说，并没有回答全局的空间相关程度主要受到哪些区域的影响。具体来说，某一高研发效率区域是被周围的高研发效率区域包围，还是被周围的低研发效率区域包围，同时，哪些区域表现出存在空间相关性，哪些区域并没有表现出空间相关性。局部 Moran's I 对这一问题给出了准确的回答。局部 Moran's I 指数的表达式如式（6－11）所示：

$$I_i = \frac{(x_i - \bar{x})}{S^2} \sum_{j=1}^{n} w_{ij}(x_j - \bar{x}) \tag{6-11}$$

其中各分量的含义与全局 Moran's I 指数公式中的含义是相同的。由于标准化的局部 Moran's I 指数依然渐进服从标准正态分布，因此，依然适用 z 统计量检验。显著为正的莫兰 I 指数表示该区域被周围的同属性区域包围，高研发效率区域被高研发效率区域包围，低研发效率区域被低研发效率区域包围。相反，显著为负则表示本区域被异质属性的区域包围。

（1）观察表 6－2 中的 Moran's I 指数可以看出，北京、天津、内蒙古、上海、江苏、福建的较多年份莫兰指数显著为正。由于北京、天津、上海、江苏和福建五个省份为相对的高研发效率地区，因此可以认为，这五个省份之间的研发效率存在正向空间外部性，属于高效率地区与高效率地区集聚。2003～2013 年内蒙古始终处于相对低效率的阶段，因此，内蒙古的正空间外部性属于低效率地区与低效率地区集聚的类型。除这六个省份外，其他省份的局部 Moran's I 指数在多数年份并不显著。因此可以认为，不存在局部空间自相关性。

表 6－2　2003～2013 年中国高技术产业局域 Moran's I 指数

年份 省份	2003	2005	2007	2009	2011	2013
北京	0.142	0.493	3.713***	2.623***	0.847	1.956
天津	－1.5	－1.229	3.713***	2.885***	1.104	1.679
河北	－0.941	－1.261	－2.696	－1.906	－1.312	－0.864
山西	1.607	1.111	－0.231	1.782	1.98	2.236
内蒙古	3.084	2.372	3.936*	5.778***	5.032**	4.628**
辽宁	－0.815	0.334	0.492	1.018	0.512	0.683
吉林	0.335	0.65	1.221	1.594	1.266	1.32
黑龙江	0.072	0.338	1.159	1.544	1.482	1.492
上海	2.027*	1.618	3.022**	2.806**	1.821	0.082
江苏	2.018	1.347	3.249*	3.667**	5.014***	4.031**
浙江	2.922*	0.663	0.795	0.551	1.935	2.807
安徽	－0.015	0.483	－0.025	－0.505	－0.073	0.222
福建	3.613*	2.127	0.7	1.565	2.81*	3.046*

续表

年份 省份	2003	2005	2007	2009	2011	2013
江西	-1.705	-0.977	-0.653	-1.233	-1.914	-1.545
山东	0.026	-0.304	0.204	0.718	0.932	1.083
河南	0.939	0.975	0.687	0.664	0.701	0.548
湖北	1.847	1.835	1.395	0.244	0.527	0.056
湖南	0.958	0.694	1.136	0.188	-0.001	0.045
广东	0.58	-0.566	-1.287	-2.716	-2.244	1.121
广西	0.254	0.066	0.611	-0.304	-0.903	-0.781
海南	-0.305	-0.589	-0.042	-0.911	-1.215	-1.814
重庆	0.558	0.327	0.492	-0.014	-2.92	0.809
四川	-0.596	-0.17	-0.257	-0.775	1.28	-1.16
贵州	0.885	0.846	0.994	0.502	0.085	-0.224
云南	0.202	0.295	0.295	0.264	1.082	0.61
陕西	2.662	1.873	2.067	2.444	2.271	4.193*
甘肃	1.406	1.205	1.67	1.863	2.538	2.366
宁夏	1.546	1.199	1.674	1.841	1.925	2.798*

注：***、**、*分别表示在1%、5%、10%的显著性水平上通过t检验。

资料来源：笔者利用Stata 12.0软件计算整理。

（2）观察表6-3中的Geray's C指数。只有天津的系数在两个年份显著为正。由于历年天津都属于高研发效率地区，因此可以认为，天津及其周围存在广泛的空间外部性，天津的高研发效率同时受到周边省份，尤其是北京的高研发效率的影响。

表6-3 2003~2013年中国高技术产业局域Geary's C指数

年份 省份	2003	2005	2007	2009	2011	2013
北京	6.773	8.283	9.013	8.999	5.79	3.589
天津	16.663**	20.472***	9.013	6.983	4.293	6.092

续表

省份 \ 年份	2003	2005	2007	2009	2011	2013
河北	12.993	15.226	21.152	18.78	14.099	11.3
山西	0.13	0.024	2.361	0.239	0.071	0.467
内蒙古	2.301	0.29	1.8	0.975	0.731	0.635
辽宁	3.63	0.547	0.903	0.529	0.892	0.157
吉林	1.477	0.317	0.265	0.24	0.385	0.367
黑龙江	0.998	0.206	0.038	0.066	0.155	0.49
上海	0.304	8.796	2.745	1.714	2.016	4.57
江苏	2.765	4.767	6.07	9.821	9.871	9.165
浙江	9.152	10.184	7.385	6.476	4.625	4.154
安徽	2.932	1.441	4.642	6.396	5.566	4.628
福建	24.902**	12.08	7.605	4.519	4.715	2.811
江西	17.825	11.333	8.233	9.465	11.971	11.274
山东	1.934	2.363	4.207	5.356	7.866	4.898
河南	0.813	1.108	1.975	2.109	3.577	2.705
湖北	0.59	0.256	0.076	0.987	0.397	2.803
湖南	2.954	3.891	2.38	4.979	6.302	12.781
广东	16.214	16.612	11.404	24.09*	29.608	21.152
广西	2.924	3.908	2.927	6.634	9.448	8.697
海南	3.355	4.721	3.357	7.349	9.585	10.265
重庆	0.631	0.237	0.337	1.156	12.471	1.074
四川	3.251	1.884	2.374	4.024	3.968	6.459
贵州	0.557	0.472	0.611	1.712	6.046	7.12
云南	0.631	0.409	0.388	0.732	0.101	1.241
陕西	0.813	0.489	1.083	2.134	3.902	2.634
甘肃	0.865	0.704	0.824	1.333	0.057	1.605
宁夏	0.03	0.051	0.062	0.121	0.038	0.145

注：***、**、*分别表示在1%、5%、10%的显著性水平上通过t检验。

资料来源：笔者利用Stata12.0软件计算整理。

（3）观察表6-4中的GO's C指数。上海、浙江、内蒙古和陕西的系数在较多年份表现为正空间外部性。这在一定程度上印证了Moran's I指数的测度结果。另外，宁夏的2013年的局部空间自相关系数在三个指数中均显著。

表 6－4　2003～2013 年中国高技术产业局域 GO's G 指数

省份＼年份	2003	2005	2007	2009	2011	2013
北京	0.159	0.181 *	0.15	0.124	0.095	0.116
天津	0.055	0.064	0.15	0.135	0.106	0.102
河北	0.313	0.341	0.398	0.341	0.306	0.304
山西	0.039	0.052	0.046	0.049	0.056	0.081
内蒙古	0.13 *	0.108 *	0.125 *	0.099 **	0.118 **	0.127 ***
辽宁	0.016	0.029	0.023	0.027	0.039	0.065
吉林	0.086	0.062	0.038	0.03	0.043	0.052
黑龙江	0.008	0.02	0.013	0.015	0.026	0.039
上海	0.159	0.117	0.149	0.151	0.161 *	0.15 **
江苏	0.24	0.274	0.25	0.23	0.239	0.212
浙江	0.403 **	0.373 **	0.329 *	0.301	0.303 *	0.269
安徽	0.186	0.137	0.183	0.215	0.224	0.238
福建	0.187	0.172	0.136	0.163	0.184	0.184 *
江西	0.354	0.299	0.255	0.288	0.331	0.355 **
山东	0.117	0.089	0.125	0.142	0.141	0.144
河南	0.103	0.117	0.164	0.16	0.18	0.184
湖北	0.078	0.069	0.071	0.096	0.127	0.177
湖南	0.117	0.131	0.115	0.167	0.166	0.192
广东	0.22	0.177	0.132	0.14	0.161	0.211
广西	0.091	0.103	0.08	0.121	0.139	0.162
海南	0.088	0.103	0.073	0.103	0.108	0.111
重庆	0.068	0.066	0.066	0.071	0.04	0.066
四川	0.051	0.064	0.071	0.088	0.125	0.076 **
贵州	0.073	0.08	0.087	0.122	0.141	0.15
云南	0.058	0.05	0.051	0.057	0.021	0.054
陕西	0.097 *	0.117 *	0.152	0.175	0.181	0.177 *
甘肃	0.06	0.071	0.064	0.071	0.05 *	0.082
宁夏	0.016	0.03	0.023	0.021	0.035	0.042 *

注：***、**、*分别表示在 1%、5%、10% 的显著性水平上通过 t 检验。

资料来源：笔者利用 Stata12.0 软件计算整理。

综合以上分析，可以认为环渤海的京津双城、长三角的江苏、上海和浙江、以及泛珠三角的福建和广东均存在高研发效率相互临近的正向空间外部性；相反，中部的陕西以及西部的内蒙古和宁夏则存在低研发效率相互临近的空间外部性，形成了研发效率的“低端锁定”形势；中西部的大部分省份之间并不存在明显的研发效率的空间相关性问题，各区域的研发能力和研发效率相对独立。

第二节　中国高技术产业研发效率的空间收敛性

已有关于经济增长问题的研究中，通常构建相关指标判别不同国家或地区的人均 GDP 或经济增长速度是否随时间而趋同或趋异。主要指标包括 σ 收敛、绝对 β 收敛、相对 β 收敛和俱乐部收敛（林毅夫等，1998，1999；蔡昉和都阳，2000；沈坤荣和马俊，2002；林毅夫和刘明兴，2003；朱国忠等，2014）。本书借鉴这一方法，判别 2003 ~ 2013 年中国高技术产业 28 个省份研发效率是否会随时间而走向趋同。

一、σ 收敛性分析

σ 收敛性分析是已有分析方法中最为直观和简洁的测度，通常基于对数标准差、变异系数、基尼系数以及泰尔熵指数等统计指标。其中，由于基尼系数和泰尔熵指数的测度要使用到各地区与总体的占比量，本书所测算的各地区研发效率不能进行加总，因此，不能计算各地区占比，从而无法使用基尼系数和泰尔熵指数进行分析。因此，本章同时采用对数研发效率的标准差和变异系数两种测度方式，在测度的基础上还可以进行相互佐证。

无论从对数研发效率标准差还是从变异系数的角度来讲，2003 ~ 2013 年中国 28 个省份高技术产业的研发效率差异都是趋同或收敛的。2003 ~ 2013 年，区域间研发效率差异的演进经历了三个阶段。第一阶段是 2003 ~ 2005 年，总体表现为上升阶段，标准差从1.31上升到1.44，变异系数从1.21上升到1.24。第二阶段是2005～2008年，总体表现为缓慢下降趋势，标准差和变异系数分别下降了2.43%和5.93%。第三阶段为2008年以后，截至2013年底，标准差和变异系数分别下降为0.78和0.71，分别下降了10.17%和7.10%，下降速度明显快于2005～2008年（见图6-1）。

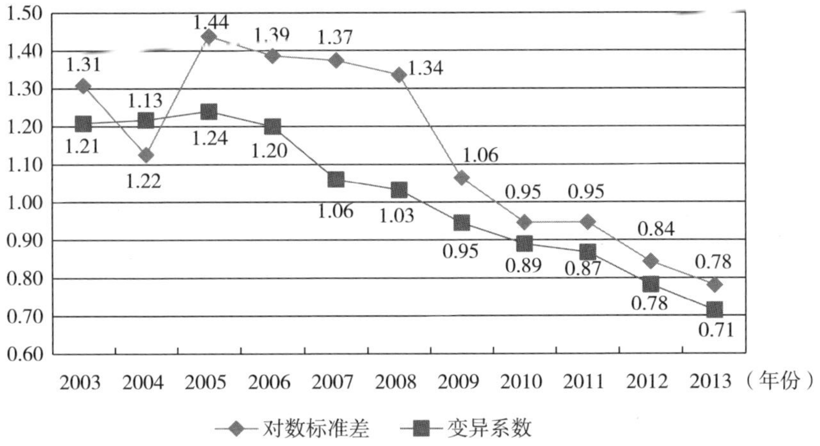

图6-1　2003～2013年中国高技术产业28个省份研发效率差异程度

资料来源：笔者绘制。

从分区域的视角来看，东部地区内部11省市的研发效率差异变动趋势和图6-1中全国研发效率差异变动趋势高度相似，2003～2005年呈小幅上升，2005～2008年大幅下降，2009年以后又小幅下降。中部地区的标准差变异系数走势和全国以及东部地区走势差异较大，基本呈正“U”形分布，先从2003年的0.70下降到2006年的0.30，继而逐年上升到2013年的0.63。在2006年以后上升的原因为中部地区的湖南和安徽的研发效率在2006～2013年年均增速高达39.92%和32.21%，而山西的年均增速仅有5.57%。2013年湖南和安徽组成了中部地区研发效率的第一梯队，研发效率分别为0.717和0.412，而黑龙江的研发效率在中部地区最低，仅为0.076。西部地区的标准差波动加大，但总体上呈下降趋势（见图6－2）。

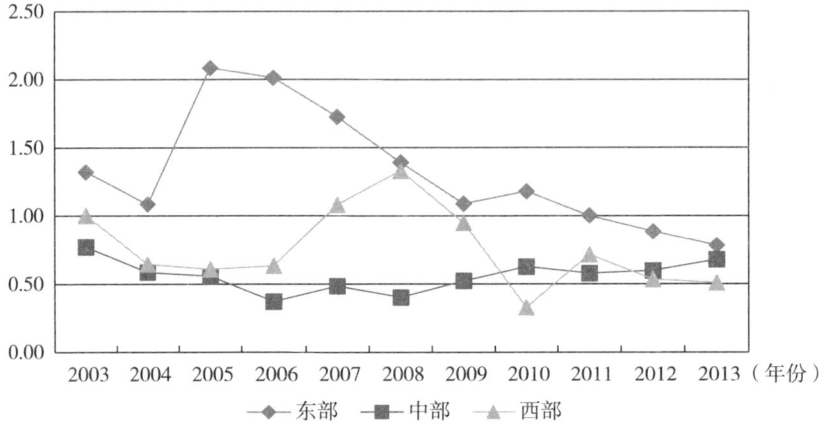

图6－2　2003～2013年基于对数标准差算法的三区域内部研发效率差异程度

资料来源：笔者绘制。

综合以上分析，可以得出如下结论：①2003～2013年中国高技术产业各省份的研发效率差异总体呈下降趋势，即存在σ收敛。②分区域来看，2003～2013年，东部经历了先小幅上升后又逐年下降的演进趋势，总体呈下降趋势；中部经历了先下降后上升的正“U”形演进趋势，总体变化较小。西部变动趋势较为波动，但总体呈收敛趋势。

二、β收敛性分析

与上文σ收敛更加注重绝对量的做法不同，β收敛则是针对效率的增量而言的（沈坤荣和马俊，2002）。β收敛又分为绝对β收敛和相对β收敛。根据Solow增长模型，发展经济学家首先提出绝对β收敛。假设不同国家或地区的稳态人均资本是一致的，继而稳态人均收入也是一致的。“富国”比“穷国”拥有更高的人均收入，那么，在达到稳态的过程中，富国的人均收入基数更大，与稳态人均收入更为接近，因此增长率更低；相反，穷国的人均收入更低，与稳态人均收入的差距更大，因此增长率就会更高。因此，绝对 β 收敛认为：基于相同的稳态人均收入，地区人均收入的年均增速与地区初始年份人均收入成反比。

据此，本书构建回归方程如下：

$$g_r = \partial_0 + \partial_1 \ln eff_r + \varepsilon_r \tag{6-12}$$

其中，g_r 为 r 省 2003 ~ 2013 年研发效率的年均增长率，eff_r 为 r 省初始年份 2003 年的研发效率，ε_r 为随机误差项。

通过表 6－5 可以看出，2003 年研发效率最高的五个省份分别为福建、天津、上海、广东和江苏；研发效率最低的五个省份分别为甘肃、宁夏、湖北、海南和内蒙古。这和年均增速最高的五个省份为内蒙古、湖南、湖北、海南和广西，存在部分重合。除辽宁、黑龙江、上海和福建在内的四个省份的研发效率存在下降趋势，其余 24 个省份均有不同程度的提高。

表 6－5　中国高技术产业各省份研发效率年均增速情况

省份	年均增长率（%）	2003 年研发效率	研发效率对数值
北京	17.422	0.149	-1.906
天津	4.779	0.564	-0.573
河北	23.310	0.032	-3.448
山西	15.210	0.035	-3.354
内蒙古	46.177	0.004	-5.459
辽宁	3.570	0.196	-1.628
吉林	21.386	0.032	-3.428
黑龙江	-5.596	0.134	-2.007
上海	1.576	0.333	-1.099
江苏	11.004	0.320	-1.141
浙江	10.116	0.242	-1.417
安徽	15.650	0.096	-2.342
福建	0.637	0.655	-0.423
江西	19.008	0.053	-2.935

续表

省份	年均增长率（%）	2003 年研发效率	研发效率对数值
山东	13. 657	0. 179	-1. 719
河南	13. 040	0. 082	-2. 502
湖北	38. 432	0. 013	-4. 371
湖南	38. 398	0. 028	-3. 582
广东	11. 192	0. 313	-1. 163
广西	25. 392	0. 029	-3. 540
海南	25. 628	0. 007	-4. 938
重庆	19. 067	0. 044	-3. 116
四川	10. 383	0. 170	-1. 772
贵州	8. 308	0. 049	-3. 009
云南	16. 390	0. 036	-3. 338
陕西	12. 217	0. 041	-3. 204
甘肃	21. 913	0. 017	-4. 065
宁夏	19. 346	0. 017	-4. 104

资料来源：笔者计算整理。

从图 6 -3 中可以更直观地看出，2003 年研发效率越低的省份，年均增速反而越快，初始年份研发效率和年均增速存在明显的负相关关系。

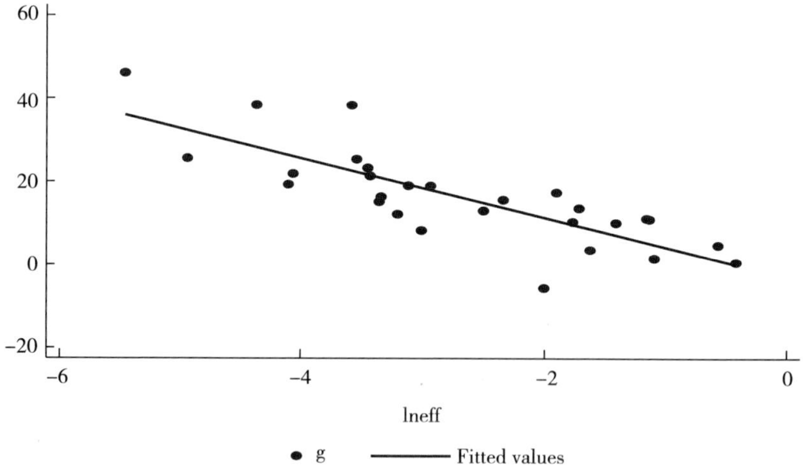

图 6 -3　中国各省份高技术产业研发效率对数初始值与年均增速散点图

注：g 表示样本点的年均增速；Fitted values 表示拟合值。

资料来源：笔者利用 Stata12. 0 软件绘制。

通过表6-6的回归结果可以看出，无论是全国，还是东部、中部和西部，初始研发效率的回归系数均在1%显著性水平上显著为负值。这说明，各个区域层面均存在绝对β收敛趋势。

表6-6　全国及分区域研发效率的绝对β收敛情况

	全国	东部	中部	西部
c	-2.916	0.857	-29.858	-14.246
	3.092	2.225	11.732	7.964
lneff	-7.135***	-5.917***	-16.084***	-9.729***
	1.034	1.053	3.726	2.191
R-sq	0.633	0.753	0.716	0.700
F统计量	47.60***	31.55***	18.63***	19.72***

注：表中公布了参数估计值和标准差。***、**、*分别代表在1%、5%、10%显著性水平上显著。

资料来源：笔者利用Stata12.0软件计算整理。

三、核密度分布与俱乐部收敛

σ收敛和β收敛性分析的局限在于无法观察到某一年份样本值的分布律或概率密度，其得到的结果仅是各个样本值对于均值的偏离程度或在附加条件下的最终收敛与否。Galor（1996）对“俱乐部收敛”给出的经典定义是：初期经济发展水平较近的经济集团各自内部的不同经济系统之间，在具有相似的结构特征的前提下趋于收敛，即较穷的国家集团和较富的国家集团各自内部存在着条件收敛，而两个集团之间却没有收敛的迹象。

借鉴徐妍（2013）年的做法，本书运用非参数的核密度估计法绘制出2003～2013年各年研发效率的核密度图，以进一步了解地区研发效率的分布特征，同时，利用动态视角观察研发效率分布图的具体变化，回答中国高技术产业各省份的研发效率是否存在俱乐部收敛现象。

利用Stata12.0软件绘制2003～2013年各省份研发效率的非参数核密度图。

图6－4报告了2003年、2005年、2007年、2009年、2011年和2013年的核密度图。可以看出，在2003～2005年，存在明显的双峰分布，即低研发效率俱乐部和高研发效率俱乐部。2005年以后，高效率成员构成的右峰逐渐消失，核密度图的单峰特征更加明显。

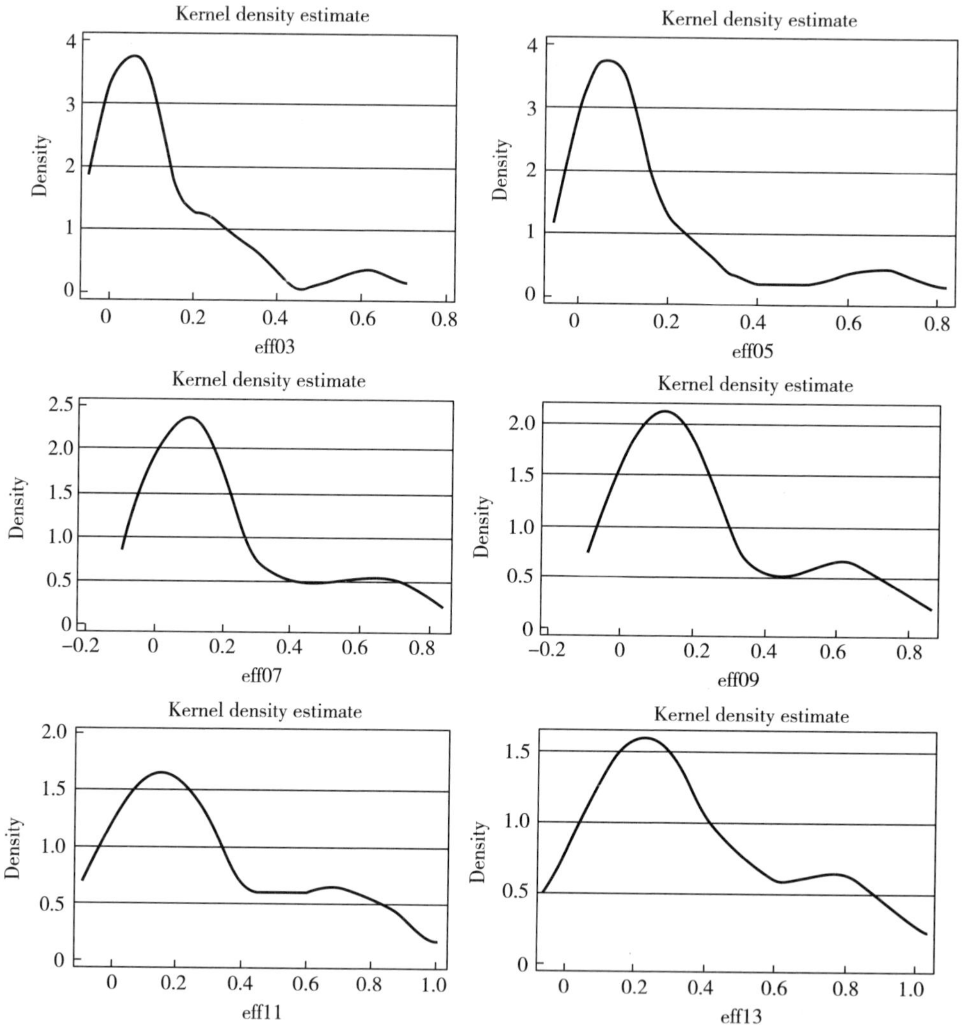

图6－4　2003～2013年中国高技术产业省份研发效率的核密度图

注：Density表示概率密度值eff03、eff05、eff07、eff09、eff11、eff13分别表示2003、2005、2007、2009、2011和2013年研发效率。篇幅所限，文中仅公布奇数年份测算结果。

资料来源：笔者利用stata 12.0软件绘制得到。

如果定义研发效率在 0 ~0.2 为低效率，定义 0.5 以上为高效率，则可以看出：

2003 年，包括辽宁、山东、四川、北京、黑龙江、安徽、河南、江西、贵州、重庆、山西、云南、山西、河北、吉林、广西、湖南、甘肃、宁夏、湖北、海南和内蒙古 22 个省份为低效率俱乐部成员，占地区总数的 78.6%。仅有福建（0.655）和天津（0.564）两个省份为高效率俱乐部成员，占地区总数的 7.1%。2005 年相对于 2003 年并没有发生明显变化。

2007 年，低效率省份减少为 18 个，比 2003 年减少 4 个。高效率省份达到 5 个，除 2003 年的福建和天津外，北京、上海、江苏也加入到高效率俱乐部的行列，占地区总数达到 17.9%。

2011 年，低效率省份继续减少，比 2007 年 18 个的基础上再减少 3 个，仅为 15 个；同时，高效率省份的增加到 8 个。从图中可以看出，双峰型俱乐部中的高效率俱乐部逐渐消失。

从动态的视角来看，由低效率成员构成的左峰的峰值在不断下降，从 2002 年的接近 3 下降到 2013 年的 1.6 左右，可知低效率俱乐部的成员数不断减少；相反，由高效率成员构成的右峰的峰值在不断上升，截至 2013 年接近 0.7，可以认为，高效率的成员数有所上升。

综上所述，中国高技术产业各省份研发效率在 2005 年以前存在明显的双峰型俱乐部收敛，但 2005 年以后，低效率省份的研发效率提升速度较快，更多省份进入了 0.2 ~0.5 的中等效率区间。以集团内部收敛，集团之间不收敛为特征的“俱乐部收敛”并不存在。

第三节　本章小结

本章主要探讨了两个问题：一是中国高技术产业 28 个省份的研发效率是相互影响的，还是相互独立的？亦即地区研发能力存在空间相关性吗？本区域的研发能力是否受到周边区域研发效率的影响？二是中国高技术产业28个省份的研发效率是空间收敛的还是空间发散的？

在空间相关性问题中，首先探讨了全局空间相关性，在此基础上探讨了局部空间相关性。为了增加研究结论的稳健性，本章采用了具有不同特点的三个空间相关性测度指标，分别为Moran's I指数、Geary's C指数以及Getis和Ord's G指数。对全局空间相关性的实证研究表明：①Moran's I指数、Geary's C指数均认为存在显著的正向空间自相关性，即高研发效率地区和高研发效率地区更加临近，形成东南沿海的高研发效率集聚地；低研发效率地区和低研发效率地区更加临近，形成中西部低研发效率集聚地。Getis和Ord's G指数也认为存在正向空间相关，但这种相关程度并不显著。②Moran's I指数和Geary's C指数虽然显著，但系数较低，均值分别为0.209和0.604，比较接近空间相互独立的0值和1值。可以认为不同地区研发效率的空间相关性虽然存在，但是相关性比较弱。

对局部空间相关性的实证研究表明：①环渤海的京津双城之间，长三角的江苏、上海和浙江之间，以及泛珠三角的福建和广东之间均存在正向空间相关性；这恰恰是中国高技术产业最具活力的三个集聚地。②中部的陕西和西部的内蒙古则存在低研发效率地区相互邻近的空间相关，形成了研发效率“低端锁定”区域。③中西部的大部分地区之间并不存在明显的研发效率的空间相关性，各区域的研发能力或研发效率相对独立，同时，全局空间相关性分析所显示的正空间相关主要是由东部沿海地区的空间相关所带来的，中西部对此并无贡献。

在空间收敛性分析中，借鉴发展经济学和增长理论所提出的σ收敛、β收敛及俱乐部收敛等相关概念，对2003~2013年各省份高技术产业研发效率进行了收敛性判别。实证结果表明：①无论使用对数研发效率的标准差，还是变异系数，2003~2013年中国高技术产业研发效率整体上存在收敛趋势。②从分区域的角度来看，无论东部内部、中部内部还是西部内部，都存在显著的收敛趋势。因此，σ收敛和绝对β收敛都是显著存在的。③从核密度图的双峰特征中可以看出，俱乐部收敛在2003~2005年存在，即存在明显的高值俱乐部和低值俱乐部。

但 2005 年以后，低研发效率地区逐渐减少、中等研发效率地区逐步增加，部分中西部地区研发效率提升较快，核密度图向单峰分布转变。因此，以存在高值俱乐部内部收敛、低值俱乐部内部收敛、两个俱乐部之间发散为特征的俱乐部收敛在中国高技术产业研发效率的空间收敛中并不存在。

第七章　结论、政策含义与研究展望

本章首先对文章的主要研究结论进行归纳，其次在此基础上针对生产性服务业和制造业创新资源的空间优化配置以及研发效率提升提出了相应的对策建议。最后提出本书可以进一步扩展的方向。

第一节　主要研究结论

通过对生产性服务业空间集聚、制造业创新活动集聚以及制造业创新绩效的实证研究，我们可以得到如下研究结论：

第一，在生产性服务业空间集聚的研究中，我们的实证研究发现：①从动态视角来看，2003～2013 年，生产性服务业的五个细分行业中，除租赁和商务服务业的空间集聚度持续下降，其余四个细分行业的空间集聚度呈持续上升趋势。通过加权平均和算术平均计算的中国生产性服务业的空间集聚度是显著上升的。②通过横向比较，2013 年生产性服务业五个细分行业中，租赁和商务服务业的集聚度最高，交通运输、仓储和邮政业的集聚度最低。③如果将服务业分为生产性服务业、生活性服务业和公共服务业，那么，空间集中度由高到低的顺序依次是生产性服务业、生活性服务业和公共服务业。2003～2013 年，生活性服务业和公共服务业的集聚度逐年下降，这和生产性服务业的集聚度逐年上升的趋势正好相反。④对生产性服务业空间集聚动因的实证研究发现：新经济地理学所强调的循环累积因果效应、马歇尔外部性中的专业化劳动市场共享以及本地知识溢出、区域市场化程度、区域法治化水平或契约维护程度为生产性服务业的本地集聚提供了有利条件，能够起到吸引生产性服务业在本地集聚的作用。

第二，在生产性服务业集聚与制造业创新集聚互动关系的研究部分，实证研究发现：①无论从全行业的角度，还是细分行业的角度，1998~2009 年制造业创新活动的集聚度始终高于制造业生产活动的集聚度，这和 Audretsch 和 Feldman（1996）、Buzard 和 Carlino（2009）等国外学者对美国制造业生产活动和创新活动集聚度对比研究的结论是高度一致的。②1998~2013 年以来，制造业创新活动的集聚度呈明显的持续上升趋势，山东、江苏、浙江和广东组成了中国制造业创新活动的核心地区；而生产活动的集聚度在 2004 年和 2005 年出现持续降低的趋势，导致其集聚度呈明显的倒“U”形演进趋势。③在生产性服务业空间集聚与制造业创新活动区位选择之间相互关系的研究中，我们发现：生产性服务业空间集聚能够产生包括本地竞争效应、产业溢出效应、降低机会主义行为、降低产业间搜寻费用以实现协同创新等在内的集聚正外部性，同时也产生了加速城市化进程、推动土地价格上升等集聚负外部性。然而，对创新型活动而言，集聚正外部性大于集聚负外部性，因此，生产性服务业的空间集聚吸引了制造业创新活动在其周围布局，提高了制造业创新活动的空间集聚度；但对于非创新活动而言，由于其缺乏接收知识溢出的动力，同时接收知识溢出的能力更低，因此，集聚负外部性大于集聚正外部性，最终把非创新型生产活动“挤出”生产性服务业和创新型活动的集聚地。

第三，在对制造业创新活动区位选择对制造业研发效率的影响研究中，我们发现：①通过相关检验，在制造业研发效率问题上，采用随机前沿方法比数据包络方法更合适。②在研发投入变量滞后零期的情况下，研发生产函数形式被认为是柯布—道格拉斯形式；而在研发投入变量滞后一期和滞后二期是，研发生产函数形式被认为是超越对数形式。③2003~2013 年各省份制造业研发效率的分布更接近截尾正态分布，而非半正态分布；对时变性的检验发现，各省份高技术产业的研发效率是随时间存在显著变化的。④无论采用研发投入变量滞后几期的研发生产函数模型，中国高技术产业的研发生产函数前沿面在 2003 ~ 2013 年均存在较小幅度的退步。⑤无论采用哪种测度指标，高技术产业研发创新活动的空间集聚都能通过本地知识溢出效应显著地提升集聚地的研发活动效率。在控制变量方面，高技术企业平均规模、高技术产业外向度、地区通信基础设施完善程度以及地区经济多样化程度等因素，均能在一定程度上促进当地研发效率的提升。研发投入滞后零期、滞后一期和滞后二期的模型均能稳健地支持上述结论。⑥2003 ~ 2013 年，除黑龙江的研发效率有所下降外，其余 27 个省份的研发效率值均获得不同程度的提高。各省份研发效率的均值从 2003 年的 0.138 提高到 2013 年的 0.382。截至 2013 年，研发效率最高的三个省份分别为江苏（0.908）、广东（0.903）和天津（0.900），最低的三个省份为宁夏（0.097）、黑龙江（0.076）和海南（0.070）。

第四，在各省份高技术产业研发效率的空间相关性和收敛性的判别中，我们发现：①环渤海的京津双城之间，长三角的江苏、上海和浙江之间，以及泛珠三角的福建和广东之间均存在正向空间相关性；中部的陕西和西部的内蒙古则存在低研发效率地区相互临近的空间相关，形成了研发效率“低端锁定”区域；中西部的大部分地区之间并不存在明显的研发效率的空间相关性，各区域的研发能力或研发效率相对独立。②Moran's I 指数、Geary's C 指数均认为：虽然显著存在全局正相关，但相关系数较低，相关性较弱。③2003 ~ 2013 年中国各省份高技术产业研发效率存在收敛趋势；从分区域的角度来看，无论东部内部、中部内部还是西部内部，都存在显著的收敛趋势。因此，σ 收敛和绝对 β 收敛都是显著存在的。以存在高值俱乐部内部收敛、低值俱乐部内部收敛、两个俱乐部之间发散为特征的俱乐部收敛在中国高技术产业研发效率的空间收敛中并不存在。

第二节　政策含义

综合本书主要研究结论，可以从空间视角为不同区域的产业发展思路和中国制造业研发效率提升提供相关对策建议。

处于不同工业化阶段的东部和中西部地区应该有不同的发展思路。我们认为，为了实现比较优势的充分发挥和资源的高效配置，可行的路径主要包括：

第一，鼓励生产性服务业和制造业创新活动在东部实现协同集聚。

鼓励生产性服务业、制造业研发活动等知识密集型生产活动在环渤海京津、长三角和珠三角等东部沿海发达城市和部分中西部发达城市（如武汉、重庆、成都、西安等）协同集聚。由于知识密集型生产活动更重视的是高水平专业化人才的雇佣成本和搜寻成本、本地技术扩散和知识溢出等集聚外部性以及合同与契约的受保护程度，因此，为了实现生产性服务业和制造业研发创新活动在这些城市的快速集聚，具体的做法包括：①加强中央层面顶层设计，实施人力资本的区域非平衡发展战略。集中有限的人力、物力和财政资金，率先着力提升和改善东部发达省份和部分中西部发达城市的人力资本状况。截至目前，即使已经积累了一定程度的人力资本优势的东部省份和部分中西部城市，与发达国家依然存在很大差距。我们参考英国路透社评选的《2016 年全球最具创新力大学》报告为例，其中美国有 46 所高校入围，欧洲有 29 所入围，东亚的日本有 9 所入围，韩国亦有 8 所入围，但中国仅有清华和北大两所高校入围最具创新力大学名单。虽然该报告并不能完全揭示中国高水平人力资本的真实水平，但亦可以在一定程度上发现我国在人力资本积累方面的劣势。②着力发挥商会或行业协会等组织在行业内部交流互动、行业间交流互动等方面的作用。行业协会不仅是行业的自律与自我监管组织，更重要的是发挥对本行业未来发展和行业内企业转型升级的促进作用；不仅为了限制行业内可能出现的恶性竞争，更重要的是促进企业之间的交流合作，增加行业内企业之间的相互信任，降低企业之间的机会主义行为，为企业之间协同创新提供有力支持。③加快合同与契约制度建设，提高合同与契约的维护程度，提高司法效率，维护司法公平，优化以生产专用性和个性化定制产品为主的生产性服务业和创新活动的营商环境。根据世界银行《2015 年全球营商环境报告》，在 189 个经济体中，中国合同执行项的排名仅为 35，这反映了法律制度对契约保障的低效率，司法体系的不完善导致许多本该正常执行的契约没有得到应有的保护（李筱乐，2016）。根据《中国分省企业经营环境指数（2013）》（王小鲁等，2013）所提供的 2006 年、2008 年、2010 年和 2012 年各地企业经营环境总指数可以看出，山东、广东、福建三个东部生产性服务业高度集聚省份的企业经营环境总指数的排名持续下滑，其余包括北京、天津、江苏、浙江、重庆等在内的生产性服务业高度集聚地省市的排名始终保持在全国前列；在分项指数中，与契约制度建设最为相关的是“企业经营的法制环境”分指数（包括司法公正与效率及经营者合法权益的保障两方面）和“企业经营的社会环境”分指数。在“企业经营的法制环境”方面，江苏、福建、山东和广东四个生产性服务业集聚地省份的排名存在较大程度的下滑；在“企业经营的社会环境”方面，浙江、福建和广东三个省份的全国排名存在较大程度下滑。因此，这些省份应该有针对性地就企业经营的法制环境和社会环境等软实力进行提高，从而为生产性服务业空间集聚创造有利条件。

第二，中西部地区应将重点放在承接东部产业转移，扎实推进工业化进程，而非鼓励生产性服务业发展。

对于广大中西部地区而言，短期内更为有效的区域发展战略应该是持续承接东部地区劳动密集型制造业或制造业成熟型产品的生产制造，扎实推进本地工业化进程，加强与东部生产性服务业集聚地的产业间合作。这样做既能够在短期内经济增速普遍放缓的经济“新常态”背景下稳定当地劳动就业形势，又能适应东部和中西部的要素禀赋结构，促进中西部经济长期发展。相反，通过各种地方保护主义行为，急于强调大力发展本地生产性服务业，改善本地区所谓三次产业结构的做法，客观上加快了城镇化进程，提升了本地土地与工业用地价格，提高了工资水平，反而不利于承接劳动密集型制造业。为了顺利承接东部产业转移，中西部所应采取的具体对策建议包括：①通过交通和通信等硬件基础设施投资，完善区内和区际交通通信网络，大力降低本地制造业产品向外输出的运输成本，降低本地区制造业和东部生产性服务业相互合作的交易成本。②减税降费，降低企业成本和负担，阶段性实现供给侧改革“降成本”目标。③坚持简政放权、放管结合以及优化改革服务，降低制造业发展的制度费用。继续取消不必要的审批事项，清理审批中介服务事项及不必要的职业资格许可认定事项。

在制造业研发效率提升方面，我们认为有效的途径包括如下四个方面：

第一，鼓励制造业创新活动在东部形成集聚态势。通过在已有的生产性服务业和制造业创新活动集聚地，包括北京、天津、山东、江苏、上海、浙江和广东等东部沿海发达进一步强化人力资本优势，促进马歇尔集聚正外部性发挥并完善法制环境等举措，鼓励制造业研发创新活动在空间上形成集聚态势。这种高度的空间集聚态势将通过知识和信息的本地溢出效应或集体学习效应、共享高水平人力资本市场和优越的制度软环境，降低集聚地研发创新活动成本，从而提高研发效率。

第二，通过兼并重组等形式适度扩大企业规模，发挥规模经济优势，这种规模优势既包括整体生产活动上的规模经济优势，也包括研发生产活动上的规模经济优势。企业做大是做强的基础，同时也是做强的有效途径之一。

第三，为制造业“走出去”提供制度支持。持续扩大对外开放力度，稳步推进“一带一路”建设，加强与沿线国家的发展战略对接，总结本土跨境电子商务综合试验区的发展经验，在国外和国内同时为制造业“走出去”降低制度成本。

第四，持续降低交易成本。补强区际和区内交通、通信基础设施短板，降低服务、商品和要素在空间上流动的成本，实现服务、商品和要素在更广地域范围内的优化配置。在通信方面，探索云理念在优质公共资源共享、人员交流等方面的巨大优势，加强行业内和行业间以及城市内和城市间的交流与协作。

第三节　研究展望

基于对1998~2013年中国制造业创新活动空间集聚演进特征的观察，可以做出如下进一步拓展：①利用较为权威的数据来源构建2010~2015年各行业各省份的创新产出数据，测度和观察制造业创新在较长期内的集聚度演进趋势，其主要难度来自2011年国民经济行业统计标准发生了较大程度的调整（GB/T 4754—2002调整为GB/T 4754—2011）。②根据Saxenian（1999）和Klepper（2010）的观察，在美国，某些行业的创新集聚地会随时间而发生较大范围的空间转移。我们会有这样的疑问：这种现象会在中国发生吗？山东、江苏、浙江和广东作为制造业创新高地的地位会被撼动吗？美国硅谷的诞生和东北部128公路地区的发展历程对中国制造业创新能力提升存在多大程度的借鉴意义。③如何在空间上有效指导“大众创新、万众创业”以提高企业和政府所投入的研发资源的效率？是东中西部均匀投入的区域平衡发展战略，还是实行区域非平衡战略，“让一部分地区的创新能力先提高起来”？

参考文献

中文参考文献

［1］安虎森．新经济地理学原理（第二版）［M］．北京：经济科学出版社，2009.

［2］安纳利·萨克森宁．地区优势：硅谷和128公路地区的文化与竞争［M］．上海：上海远东出版社，1999.

［3］保罗·克鲁格曼．地理和贸易［M］．北京：北京大学出版社，中国人民大学出版社，2000.

［4］毕斗斗，方远平，Bryson J.，谢蔓，唐瑶．中国生产性服务业发展水平的时空差异及其影响因素——基于省域的空间计量分析［J］．经济地理，2015，35（8）：104－113.

［5］白重恩，杜颖娟，陶志刚，仝月婷．地方保护主义及产业地区集中度的决定因素和变动趋势［J］．经济研究，2004（4）：29－40.

［6］白俊红，江可申．应用随机前沿模型评测中国区域研发创新效率［J］．管理世界，2009（10）：51－59.

［7］陈红霞，李国平．中国生产性服务业集聚的空间特征及经济影响［J］．经济地理，2016，36（8）：113－119.

［8］陈建军，胡晨光．产业集聚的集聚效应——以长三角洲区位为例的理论和实证分析［J］．管理世界，2008（6）：68－83.

［9］陈建军，陈国亮，黄洁．新经济地理学视角下的生产性服务业集聚及其影响因素研究——来自中国222个城市的经验证据［J］．管理世界，2009（4）：83-95.

［10］陈建军，陈菁菁．生产性服务业与制造业的协同定位研究——以浙江省69个城市和地区为例［J］．中国工业经济，2011（6）：141-150.

［11］蔡昉，都阳．中国地区经济增长的趋同与差异——对西部开发战略的启示［J］．经济研究，2000（10）：30-37.

［12］陈立泰，张洪玮，熊海波．服务业集聚能否促进城镇化进程——基于中国省级面板数据的分析［J］．西北人口，2013（2）：55-59.

［13］陈强．高级计量经济学及Stata应用（第二版）［M］．北京：高等教育出版社，2014.

［14］程时雄，柳剑平．中国工业行业研发投入的产出效率与影响因素［J］．数量经济技术经济研究，2014（2）：36-51.

［15］陈修德，梁彤缨．中国高新技术产业研发效率及其影响因素——基于面板数据SFPF模型的实证研究［J］．科学学研究，2010，28（8）：1198-1205.

［16］豆建民，张可．集聚与污染：研究评述与展望［J］．苏州大学学报，2014（2）：109-117.

［17］樊纲，王小鲁等．中国市场化指数——各省区市场化相对进程2011年报告［M］．北京：经济科学出版社，2011.

［18］傅京燕，李丽莎．FDI、环境规制与污染避难所效应——基于中国省级数据的经验检验［J］．公共管理学报，2000（3）：65-74.

［19］樊华．中国省际科技创新效率演化及影响因素实证研究［J］．中国科技论坛，2010（12）：36-42.

［20］范剑勇，李方文．中国制造业空间集聚的影响：一个文献综述［J］．南方经济，2011（6）：53-66.

［21］范剑勇，冯猛，李方文．产业集聚与企业全要素生产率［J］．世界经

济，2014（5）：51－73.

［22］胡霞．中国城市服务业空间集聚变动趋势研究［J］．财贸经济，2008（6）：103－107.

［23］胡霞．产业特性与中国城市服务业集聚程度实证分析［J］．财贸研究，2009（2）：58－64.

［24］韩庆潇，查华超，杨晨．中国制造业集聚对创新效率影响的实证研究——基于动态面板的 GMM 估计［J］．财经论丛，2015（4）：3－10.

［25］高波，陈健，邹琳华．区域房价差异、劳动力流动与产业升级［J］．经济研究，2012（1）：66－79.

［26］顾乃华．我国城市生产性服务业集聚对工业的外溢效应及其区域边界——基于 HLM 模型的实证研究［J］．财贸经济，2011（5）：115－122.

［27］顾乃华．生产性服务业对工业获利能力的影响和渠道——基于城市面板数据和 SFA 模型的实证研究［J］．中国工业经济，2010（5）：48－59.

［28］顾乃华，毕斗斗，任旺兵．中国转型期生产性服务业发展与制造业竞争力关系研究——基于面板数据的实证分析［J］．中国工业经济，2006（9）：14－21.

［29］蒋天颖．我国区域创新差异时空格局演化及其影响因素分析［J］．经济地理，2013，33（6）：22－29.

［30］晋盛武，盛淑洁．中国高技术产业集聚的就业效应研究——基于空间面板的实证分析［J］．地理与地理信息科学，2015，31（1）：80－86.

［31］金煜，陈钊，陆铭．中国的地区工业集聚：经济地理、新经济地理与经济政策［J］．经济研究，2006（4）：79－89.

［32］江曼琦，席强敏．生产性服务业与制造业的产业关联与协同集聚［J］．南开学报（哲学社会科学版），2014（1）：153－160.

［33］况伟大，李涛．土地出让方式、地价与房价［J］．金融研究，2012（8）：56－69.

［34］罗发友．中国创新产出的空间分布特征与成因［J］．湖南科技大学学报，2004，7（6）：76－81.

［35］罗胤晨，谷人旭．1980－2011年中国制造业空间集聚格局及其演变趋势［J］．经济地理，2014，34（7）：82－89.

［36］刘烨，雷平．冰山运输成本的衡量及其中国制造业实证应用［J］．经济地理，2015，35（5）：98－104.

［37］刘叶，刘伯凡．生产性服务业与制造业协同集聚对制造业效率的影响［J］．经济管理，2016（6）：16－28.

［38］刘孝斌．法治水平的区域比较及空间溢出效应［J］．首都经济贸易大学学报，2015（2）：81－89.

［39］刘志彪．生产者服务业及其集聚：攀升全球价值链的关键要素与实现机制［J］．中国经济问题，2008（1）：3－12.

［40］刘义圣，林其屏．产业集群的生成与运行机制研究［J］．东南学术，2004（6）：130－137.

［41］路江涌，陶志刚．中国制造业区域集聚及国际比较［J］．经济研究，2006（3）：103－114.

［42］路江涌，陶志刚．我国制造业区域集聚程度决定因素的研究［J］．经济学（季刊），2007（3）：901－816.

［43］李子叶，韩先锋，冯根福．我国生产性服务业集聚对经济增长方式转变的影响——异质门槛效应视角［J］．经济管理，2015（12）：21－30.

［44］李筱乐．市场化、工业集聚和环境污染的实证分析［J］．统计研究，2014（8）：39－45.

［45］李筱乐．契约环境与服务业发展［J］．财经研究，2016（1）：134－145.

［46］李斌，彭星．制度软约束对中国工业低碳转型的影响研究——基于资本体现式技术进步视角的实证分析［J］．科学学研究，2013（6）：847－855.

［47］李向东，李南，白俊红等．高技术产业研发效率分析［J］．中国软科

学，2011（2）：52－61.

［48］刘汤娜．经济集聚与房价的空间差异性研究［D］．湘潭：湘潭大学，2015.

［49］骆永民，刘艳华．金融集聚、人资资本与房价——基于 PanelVAR 模型［J］．财贸研究，2011（4）：93－101.

［50］林毅夫，刘明兴．中国的经济增长收敛与收入分配［J］．世界经济，2003（8）：3－14.

［51］林毅夫，蔡昉，李周．中国的奇迹：发展战略与经济改革［M］．上海：三联书店，上海人民出版社，1999.

［52］林毅夫，蔡昉，李周．中国经济转型时期的地区差距分析［J］．经济研究，1998（6）：3－10.

［53］李伟娜，杨永福，王珍珍．制造业集聚、大气污染与节能减排［J］．经济管理，2010（9）：36－44.

［54］李勇刚，张鹏．产业集聚加剧了中国的环境污染吗？——来自中国省级层面的经验证据［J］．华中科技大学学报（社会科学版），2013，27（5）：97－106.

［55］李文秀，胡继明．中国服务业集聚实证研究及国际比较［J］．武汉大学学报，2008（2）：213－219.

［56］陆铭，陈钊．城市化、城市倾向的经济政策与城乡收入差距［J］．经济研究，2004（6）：50－58.

［57］梁琦．高技术产业集聚的新理论解释［J］．广东社会科学，2004（2）：46－51.

［58］钞小静，沈坤荣．城乡收入差距、劳动力质量与中国经济增长［J］．经济研究，2014（6）：30－43.

［59］毛军．人力资本与高技术产业集聚——以京津、长三角、珠三角为例的分析［J］．北京社会科学，2006（5）：82－86.

［60］聂辉华，江艇，杨汝岱．中国工业企业数据库的使用现状和潜在问题

［J］．世界经济，2012（5）：142－158.

［61］潘雄锋，刘凤朝．中国区域工业企业技术创新效率变动及其收敛性研究［J］．管理评论，2010，22（2）：59－64.

［62］皮埃尔－菲利普·库姆斯，蒂里·迈耶，雅克－弗朗索瓦·蒂斯．经济地理学：区域和国家一体化［M］．北京：中国人民大学出版社，2011.

［63］彭向，蒋传海．产业集聚、知识溢出与地区创新——基于中国工业行业的实证检验［J］．经济学（季刊），2011，10（3）：913－934.

［64］皮天雷．社会资本、法治水平对金融发展的影响分析［J］．财经科学，2010（1）：1－8.

［65］曲玥，蔡昉，张晓波．“飞雁模式”发生了吗？——对1998－2008年中国制造业的分析［J］．经济学（季刊），2013，12（3）：757－776.

［66］曲婉，康小明．高技术产业创新效率区域差异研究［J］．中国科技论坛，2012（8）：70－74.

［67］钱颖一，肖梦．走出误区：经济学家论说硅谷模式［M］．北京：中国经济出版社，2000.

［68］阮敏．企业所有权、环境规制与发明专利的研发效率［J］．软科学，2016，2（30）：55－59.

［69］师萍，韩先锋．研发创新全要素生产率的空间趋同分析［J］．财经科学，2011（6）：44－51.

［70］沈坤荣，马俊．中国经济增长的“俱乐部收敛”特征及其成因研究［J］．经济研究，2002（1）：33－39.

［71］史修松，赵曙东，吴福象．中国区域创新效率及其空间差异研究［J］．数量经济技术经济研究，2009（3）：45－55.

［72］苏雪串．城市化进程中的要素集聚、产业集群和城市群发展［J］．中央财经大学学报，2004（1）：49－52.

［73］沈能，王艳，王群伟．集聚外部性与碳生产率空间趋同研究［J］．中

国人口·资源与环境，2013，23（12）：40－47.

［74］沈能．局域知识溢出和生产性服务业空间集聚——基于中国城市数据的空间计量分析［J］．科学学与科学技术管理，2013，34（5）：61－69.

［75］盛龙，陆根尧．中国生产性服务业集聚及其影响因素研究——基于行业和地区层面的分析［J］．南开经济研究，2013（5）：115－129.

［76］盛丰．生产性服务业集聚与制造业升级：机制与经验［J］．产业经济研究，2014（2）：32－37.

［77］史向欣，梁彤缨．社会资本影响了研发效率？——基于中国省级面板数据的经验研究［J］．科研管理，2013，5（34）：34－39.

［78］吴三忙，李善同．中国制造业地理集聚的时空演变特征分析：1980－2008［J］．财经研究，2010，36（10）：4－14.

［79］吴意云，朱希伟．中国为何过早进入再分散：产业政策与经济地理［J］．世界经济，2015（2）：140－166.

［80］文玫．中国工业在区域上的重新定位和集聚［J］．经济研究，2004（2）：84－94.

［81］吴敬琏．发展中国高新技术产业：制度重于技术［M］．北京：中国发展出版社，2000.

［82］吴建峰．经济改革、集聚经济和不均衡增长：中国产业空间分布的经济学观察 1980－2010［M］．北京：北京大学出版社，2014.

［83］吴建峰，符育明．经济集聚中马歇尔外部性的识别［J］．经济学（季刊），2012，11（2）：675－690.

［84］吴延兵．研发存量、知识函数与生产效率［J］．经济学（季刊），2006，5（4）：1129－1156.

［85］王家庭，曹清峰，田时嫣．产业集聚、政府作用与工业地价：基于 35 个大中城市的经验研究［J］．中国土地科学，2012（9）：12－20.

［86］王国顺，张涵，邓路．R&D 存量、所有制结构与技术创新效率［J］．

湘潭大学学报，2010，34（2）：71 – 75.

［87］吴丰林，方创林，赵雅萍．城市产业集聚动力机制与模式研究进展［J］．地理科学进展，2004（1）：49 – 52.

［88］王海宁，陈媛媛．产业集聚效应与工业能源效率研究——基于中国 25 个工业行业的实证分析［J］．财经研究，2010（9）：69 – 79.

［89］王庆喜，王巧娜，徐维祥．中国高技术产业省际知识溢出：基于地理和技术临近的分析［J］．经济地理，2013，33（5）：111 – 136.

［90］王缉慈．产业集群和工业园区发展中的企业临近与集聚辨析［J］．中国软科学，2005（12）：91 – 98.

［91］王缉慈等．超越集群：中国产业集群的理论探索［M］．北京：经济科学出版社，2010.

［92］王缉慈等．创新的空间——企业集群与区域发展［M］．北京：北京大学出版社，2001.

［93］汪德华，张再金，白重恩．政府规模、法治水平与服务业发展［J］．经济研究，2007（6）：51 – 66.

［94］邬滋．集聚结构、知识溢出与区域创新绩效——基于空间计量的分析［J］．山西财经大学学报，2010，32（3）：15 – 22.

［95］谢治春．制造业集聚与城镇化推进：基于省级面板数据的空间计量分析［J］．当代经济科学，2014（7）：20 – 25.

［96］宣烨．生产性服务业空间集聚与制造业效率提升——基于空间外溢效应的实证研究［J］．财贸经济，2012（4）：121 – 129.

［97］宣烨，宣思源．产业集聚、技术创新途径与高新技术企业出口的实证研究［J］．国际贸易问题，2012（5）：136 – 146.

［98］徐晓光，许文，郑尊信．金融集聚对经济转型的溢出效应分析：以深圳为例［J］．经济学动态，2015（11）：90 – 97.

［99］肖文，林高榜．政府支持、研发管理与技术创新效率——基于中国工

业行业的实证分析［J］．管理世界，2014（4）：71－80.

［100］肖仁桥，钱丽，陈忠卫．中国高技术产业创新效率及其影响因素研究［J］．管理科学，2012，25（5）：85－98.

［101］姚洋，章奇．中国工业企业技术效率分析［J］．经济研究，2001（10）：13－19.

［102］严北战．集群式产业链形成与演化内在机理研究［J］．经济学家，2011（1）：78－85.

［103］袁丹，雷宏振．高技术产业集聚与省域城镇化——基于空间面板的实证分析［J］．科技进步与对策，2015（5）：1－5.

［104］杨哲，饶宝红．产业集群与城镇化发展的实证研究：以浙江义乌和广东东莞为例［J］．经济地理，2006（12）：92－102.

［105］叶建亮．知识溢出与企业集群［J］．经济科学，2001（3）：23－30.

［106］杨皎平，金彦龙，戴万亮．网络嵌入、学习空间与集群创新绩效：基于知识管理的视角［J］．科学学与科学技术管理，2012，33（6）：51－59.

［107］杨仁发．产业集聚、外商直接投资与环境污染［J］．经济管理，2015（2）：11－19.

［108］杨仁发，李娜娜．产业集聚能否促进城镇化［J］．财经科学，2016（6）：124－132.

［109］杨俊，黄潇，李晓羽．教育不平等与收入分配差距：中国的实证分析［J］．管理世界，2008（1）：38－47.

［110］杨本建，毛艳华．产业转移政策与企业迁移行为——基于广东产业转移的调查数据［J］．南方经济，2014（3）：1－20.

［111］杨青峰．高技术产业地区研发创新效率的决定因素——基于随机前沿模型的实证分析［J］．管理评论，2013，25（6）：47－58.

［112］杨凡，杜德斌，林晓．中国省域创新产出的空间格局与空间溢出效应研究［J］．软科学，2016，30（10）：6－11.

［113］闫逢柱，苏李，乔娟．产业集聚发展与环境污染关系的考察——来自中国制造业的证据［J］．科学学研究，2011（1）：79－83.

［114］颜银根．论新经济地理学的理论脉络——从新经济地理到新新经济地理［J］．中南财经政法大学学报，2013（6）：3－12.

［115］苑会娜．进城农民工的健康与收入——来自北京市农民工调查的证据［J］．管理世界，2009（5）：56－66.

［116］于诚，曹东坡，林思宇．制造业转移会抑制本地生产性服务业发展吗？——以上海为例［J］．经济经纬，2014（6）：71－76.

［117］余泳泽．创新要素集聚、政府支持与科技创新效率——基于省域数据的空间面板计量分析［J］．经济评论．2011（2）：93－101.

［118］余泳泽．我国高技术产业技术创新效率及其影响因素研究［J］．经济科学，2009（4）：62－74.

［119］余泳泽，武鹏．我国高技术产业研发效率空间相关性及其影响因素分析——基于省级面板数据的研究［J］．产业经济评论，2010，9（3）：71－86.

［120］余泳泽，周茂华．制度环境、政府支持与高技术产业研发效率差异分析［J］．江财经论丛，2010（5）：1－5.

［121］岳书敬，刘朝明．人力资本与区域全要素生产率分析［J］．经济研究，2006（4）：90－96.

［122］岳书敬．中国区域研发效率差异及其影响因素——基于省级区域面板数据的经验研究［J］．科研管理，2008，29（5）：173－179.

［123］张玉明，李凯．中国创新产出的空间分布及空间相关性研究——基于1996－2005年省级专利统计数据的空间计量分析［J］．中国软科学，2007（11）：97－103.

［124］张丽华，林善浪．创新集聚和产业集聚的相关性研究［J］．科学学研究，2010，28（4）：635－640.

［125］朱平芳，徐大丰．中国城市人力资本的估算［J］．经济研究，2007

(9): 84 -95.

[126] 朱国忠，乔坤元，虞吉海．中国各省经济增长是否收敛 [J]．经济学（季刊），2014，13 (3): 1171 -1194.

[127] 周启民．制造业集聚差异与区域房价的形成 [J]．区域经济评论，2015 (6): 90 -96.

[128] 周明，李宗植．基于产业集聚的高技术产业创新能力研究 [J]．科研管理，2011，32 (1): 15 -21.

[129] 庄小将．知识溢出支撑集群企业创新跨越研究 [J]．技术经济与管理研究，2012 (2): 31 -34.

[130] 张长征，黄德春，马昭洁．产业集聚与产业创新效率：金融市场的联结和推动——以高新技术产业集聚和创新为例 [J]．产业经济研究，2012 (6): 17 -25.

[131] 曾国平，吴明娥．服务业的集聚和城市化——基于省级面板数据的计量分析 [J]．城市问题，2013 (12): 55 -61.

[132] 张可，豆建民．集聚对环境污染的作用机制研究 [J]．中国人口科学，2013 (5): 105 -128.

[133] 张可，汪东芳．经济集聚与环境污染的交互影响及空间溢出 [J]．中国工业经济，2014 (6): 70 -82.

[134] 张文武，梁琦．市场冲击、劳动共享与制造业集聚——基于中国城市面板数据的研究 [J]．中国科技论坛，2011 (5): 57 -60.

[135] 张三峰，杨德才．产业转移背景下的制造业与服务业互动研究——基于我国中部地区的分析 [J]．经济管理，2009 (8): 27 -32.

[136] 张海洋．中国省际工业全要素研发效率和影响因素：1999 -2007 [J]．经济学（季刊），2010，9 (3): 1029 -1050.

[137] 张海洋．我国工业研发生产效率和影响因素——基于省际大中型工业数据的实证分析 [J]．科学学研究，2008，26 (5): 970 -978.

［138］赵勇，白永秀．知识溢出：一个文献综述［J］．经济研究，2009（1）：144－156.

［139］朱有为，徐康宁．中国高技术产业研发效率的实证研究［J］．中国工业经济，2006（11）：38－44.

英文参考文献

［1］Anderson R.，Quigley R. M.，Wilhelmsson M. Agglomeration and the Spatial Distribution of Creativity［J］. Papers in Regional Science，2005，84（3）：445－464.

［2］Anderson M. Co－location of Manufacturing & Producer Services － a Simultaneous Equation Approach［R］. Royal Institute of Technology，CESIS－Centre of Excellence for Science and Innovation Studies，2004.

［3］Audretsch D.，Feldman，M. R&D Spillovers and the Geography of Innovation and Production［J］. American Economic Review，1996，86（3）：630－640.

［4］Aiginger K.，Davies S W. Industrial Specialization and Geographic Concentration：Two Sides of the Same Coin? Not for the European Union［J］. Journal of Applied Economics，2004（2）：231－248.

［5］Aiginger K.，Rossi－Hansberg E. Specialization and Concentration：A Note on Theory and Evidence［J］. Empirica，2006（33）：255－266.

［6］Au C.，Henderson J. V. Are Chinese Cities Too Small?［J］. Review of Economic Studies，2006，73（3）：549－576.

［7］Amiti M.，Jcavorcik B. S. Trade Costs and Location of Foreign Firms in China［J］. Journal of Development Economics，2008（1）：129－149.

［8］Amiti M. Location of Vertically Linked Industries：Agglomeration versus Comparative Advantage［J］. European Economic Review，2005，49（4）：809－832.

［9］Amiti M.，Pissarides C. A. Trade and Industrial Location with Heterogeneous

Labor [J] . Journal of International Economics, 2005, 67 (2): 392 -412.

[10] Anderson F. , Forslid R. Tax Competition and Economic Geography [J]. Journal of Public Economic Theory, 2003, 5 (2): 279 -303.

[11] Antonio R. L. Economic Geography and Comparative Advantage: Agglomeration Versus Specialization [J] . European Economic Review, 1999, 43 (2): 357 -377.

[12] Berliant M. , Reed R. R. , Wang, P. Knowledge Exchange, Matchingand Agglomeration [J] . Journal of Urban Economics, 2006 (60): 69 -96.

[13] Baldwin J. R. , Brown W. M. Regional Manufacturing Employment Volatility in Canada: The Effect of Specialization and Trade [J] . Paper in Region Science, 2004, 83 (3): 519 -541.

[14] Baldwin R. , Forslid R. , Martin P. , Ottaviano G. , Nicoud F. Economic Geography and Public Policy [M] . Princeton University Press, 2003.

[15] Baldwin R. , Okubo T. Tax Reform, Delocation and Heterogeneous Firms [J] . Scand J. of Economics, 2009, 111 (4): 741 -764.

[16] Becker J. , Fuest C. EU Regional Policy and Tax Competition [J]. European Economic Review, 2010, 54 (1): 150 -161.

[17] Baldwin R. E. , Krugman P. Agglomeration, Integration and Tax Harmonisation [J] . European Economic Review, 2004, 48 (1): 1 -23.

[18] Borck R. , Pfluger M. Agglomeration and Tax Competition [J] . European Economic Review, 2006, 50 (3): 647 -668.

[19] Buzard K. , Carlino G. The Geography of Research and Development Activity in the U. S. [J] . Federal Reserve Bank of Philadelphia Working Paper 09 - 16, 2009.

[20] Battese G. E. , Coelli T. J. Frontier Production Functions, Technical Efficiency and Panel Data: With Application to Paddy Farmers in India [J] . Journal of

Productivity Analysis, 1992, 3 (1): 153 - 169.

[21] Battese G. E., Coelli T. J. A Model for Technical Inefficiency Effects in a Stochastic Frontier Production Function for Panel Data [J]. Empirical Economics, 1995, 20 (2): 325 - 332.

[22] Baldwin R. E., Okubo T. Heterogeneous Firms, Agglomeration and Economic Geography: Spatial Selection and Sorting [J]. Journal of Economic Geography, 2006, 6 (3): 323 - 346.

[23] Baldwin R. E.. Agglomeration and Endogenous Capital [J]. European Economic Review, 1999, 43 (2): 253 - 280.

[24] Baldwin R. E., Forslid R. The Core - Periphery Model and Endogenous Growth: Stabilizing and Destabilizing Integration [J]. Economica, 2000, 67 (267): 307 - 324.

[25] Baldwin R. E., Martin P., Ottaviano G. I. P. Global Income Divergence, Trade and Industrialization: The Geography of Growth Take - offs [J]. Journal of Economic Growth, 2001, 6 (1): 5 - 37.

[26] Behrens K., Gaigne C., Thisse J. Industry Location and Welfare When Transport Costs Are Endogenous [J]. Journal of Urban Economics, 2009, 65 (2): 195 - 208.

[27] Behrens K. How Endogenous Asymmetries in Interregional Market Access Trigger Regional Divergence [J]. Regional Science and Urban Economics, 2005, 35 (5): 471 - 492.

[28] Carrincazeaux C., Lunga Y., Rallet A. Proximity and Localization of Corporate R&D Activities [J]. Research Policy, 2001, 30 (5): 777 - 789.

[29] Combes P. P., Mayer T., Thisse J. Economic Geography: The Integration of Regions and Nations [M]. Princeton: Princeton University Press, 2008.

[30] Coe D. S., Helpman E. International R&D Spillovers [J]. European Eco-

nomic Review, 1995, 39 (5): 859 - 887.

[31] Costa D. L., Kahn, M. E. Power Couples Changes in Location Choices of the College Educated [J]. Quarterly Journal of Economics, 2000, 115 (4): 1287 - 1315.

[32] Dixit A. K., Stiglitz J. E. Monopolistic Competition and Optimum Product Diversity [J]. American Economic Review, 1977 (67): 297 - 308.

[33] Duranton G., Puga D. Micro - foundations of Urban Agglomeration Economies [J]. Handbook of Regional and Urban Economics, 2004 (4): 2063 - 2117.

[34] Duranton G., Storper M. Rising Trade Costs? Agglomeration and Trade with Endogenous Transaction Costs [J]. Canadian Journal of Economics, 2008, 41 (1): 292 - 319.

[35] Estyt D. C., Geradin, D. Market Access, Competitiveness, and Harmonization: Environmental Production in Regional Trade Agreements [J]. Harvard Environmental Law Review, 1997, 21 (2): 265 - 336.

[36] Eva J., Drahomira P., Magdalena B. D. The Age of Clusters and Its Influence on Their Activity Preferences [J]. Technological and Economic Development of Economy, 2013, 19 (4): 621 - 637.

[37] Ellison G., Gleaser E. Geographic Concentration in U. S. Manufacturing Industries: A Dartboard Approach [J]. Journal of Political Economy, 1997, 105 (5): 889 - 927.

[38] Eswaran M., Kotwal A. The Role of the Service Sector in the Process of Industrialization [J]. Journal of Development Economics, 2002, 68 (2): 401 - 420.

[39] Epifani P., Gancia G. A. Trade, Migration and Regional Unemployment [J]. Regional Science and Urban Economics, 2005, 35 (6): 625 - 644.

[40] Eggar P., Seidel T. Agglomeration and Fair Wages [J]. Canadian Journal of Economics, 2008, 41 (1): 271 - 291.

[41] Fujita M., Krugman P., Venables A. J. The Spatial Economy: Cities,

Regions and International Trade [M] . The MIT Press, 1999.

[42] Fomi M. , Paba S. Knowledge Spillovers and the Growth of Local Industries [J] . Journal of Industries Economics, 2002, 50 (2): 151 -171.

[43] Helsley R. W. , Strange W. C. Agglomeration, Opportunism and the Organi - zation of Production [J] . Journal of Urban Economics, 2007 (62): 55 -75.

[44] Holmes T. J. Localization of Industry and Vertical disintegration [J] . The Review of Economics and Statistics , 1999 (2): 314 -325.

[45] Hu A. G. , Jefferson G. H. and Qian J. C. R&D and Technology Transfer : Firm Level Evidence from Chinese Industry [J] . Review of Economics and Statistics, 2005, 87 (4): 780 -786.

[46] Gautier P. A. , Teulings C. N. Search and the City [J] . Regional Science and Urban Economics, 2009 (39): 251 -265.

[47] Gautier P. A. , Teulings C. N. Matching and Agglomeration Economics in a System of Cities [J] . Regional Science and Urban Economics, 1990 (38): 223 -248.

[48] Glaeser E. L. Learning in Cities [J] . Journal of Urban Economics, 1999 (46): 254 -277.

[49] Glaeser E. L. , Kohlhase J. E. Cities, Regions and the Decline of Transport Costs [J] . Regional Science, 2004 (83): 197 -222.

[50] Gruber S. , Marattin L. Taxation, Infrastructure and Endogenous Trade Costs in New Economic Geography [J] . Papers in Regional Science, 2010, 89 (1): 203 -222.

[51] Jaffe A. B. , Trajtenberg M. , Henderson R. M. Geographic Localization of Knowledge Spillovers as Evidenced by Petent Citations [J] . Quarterly Journal of Economics, 1993 (108): 577 -598.

[52] Krugman P. Increasing Returns and Economic Geography [J] . Journal of Political Economy, 1991, 99 (3): 483 -499.

[53] Krugman P. Space: The Final Frontier [J]. The Journal of Economics Perspectives, 1998, 12 (2): 161 – 174.

[54] Krugman P. Scale Economics, Product Differentiation and the Pattern of Trade [J]. The American Economic Review, 1980, 70 (5): 950 – 959.

[55] Klepper W. The Origin and Growth of Industry Clusters: The Making of Silicon Valley and Detroit [J]. Journal of Urban Economics, 2010, 67 (1): 15 – 32.

[56] Ludenma R. D., Wooton I. Economic Geography and the Fiscal Effects of Regional Integration [J]. Journal of International Economics, 2000, 52 (2): 331 – 357.

[57] Matthew A. C., Robert J. R., Okubo, T. Trade, Environmental Regulations and Industrial Mobility: An Industry – level Study of Japan [J]. Ecological Economics, 2010 (69): 1995 – 2002.

[58] Mads B. I., Torben D. Cluster Facilitation from a Cluster Life Cycle Perspective [J]. European Planning Studies, 2013, 21 (4): 556 – 574.

[59] Malpezzi S. Urban Regulation, The New Economy and Housing Prices [J]. Housing Policy Debate, 2010, 13 (2): 323 – 349.

[60] Martin P., Rogers C. A. Industrial Location and Public Infrastructure [J]. Journal of International Economics, 1995, 39 (3): 335 – 351.

[61] Martin P., Ottaviano G. I. P. Growing Locations: Industry Location in a Model of Endogenous Growth [J]. European Economics Review, 1999, 43 (2): 281 – 302.

[62] Melitz M. J. The Impact of Trade on Intra – Industry Reallocations and Aggregate Industry Productivity [J]. Econometrica, 2003, 71 (6): 1695 – 1725.

[63] Mccann P. Transport Costs and New Economic Geography [J]. Journal of Economic Geography, 2005, 5 (3): 305 – 318.

[64] Ottaviano G. I. P. "New" New Economic Geography: Firm Heterogeneity and Agglomeration Economies [J]. Journal of Economic Geography, 2011, 11 (2): 231 – 240.

[65] Ottaviano K., Tabuchi Y., Thisse J. Agglomeration and Trade Revisited [J]. International Economic Review, 2002, 43 (2): 409 -435.

[66] Okubo T. Trade Liberalisation and Agglomeration with Firms Heterogeneity: Forward and Backward Linkages [J]. Regional Science and Urban Economics, 2009, 39 (5): 530 -541.

[67] Picard P. M., Zeng D. Agricultural Sector and Industrial Agglomeration [J]. Journal of Development Economics, 2005, 77 (1): 75 -106.

[68] Puga D., Venables A. J. Agglomeration and Economic Development: Import Substitution vs Trade Liberalisation [J]. The Economic Journal, 1999, 109 (455): 292 -311.

[69] Puga D., Venables A. J. Trading Arrangement and Industrial Development [J]. The World Bank Economic Review, 1998, 12 (2): 221 -249.

[70] Rosenthal S. S. Strange W. C. The Determinants of Agglomeration [J]. Journal of Urban Economics, 2001 (50): 191 -229.

[71] Roodman D. How to Do Xtabond2: An Introduction to "Difference" and "System" GMM in Stata [J]. Stata Journal, 2006, 9 (1): 86 -136.

[72] Reed R., Pettit C. Understanding Change in Residential Property Markets: Mapping Residency of Employment Data [J]. Pacific Rim Property Research Journal, 2015, 10 (3): 353 -374.

[73] Sassen S. The Global City: New York, London, Tokyo [M]. Princeton University Press, 2001.

[74] Scott A. J. Flexible Production Systems and Regional Development: The Rise of New Industrial Spaces in North America and Western Europe [J]. International Journal of Urban and Regional Research, 1988 (12): 71 -86.

[75] Samuelson P. A. The Transfer Problem and Transfer Costs: The Terms of Trade When Impediments Are Absent [J]. The Economic Journal, 1952, 62

(246): 278 -304.

[76] Tobler W. A Computer Movie Stimulating Urban Growth in the Detroit Region [J] . Economic Geography, 1970 (46): 234 -240.

[77] Tabuchi T. , Thisse J. Taste Heterogeneity, Labor Mobility and Economic Geography [J] . Journal of Development Economics, 2002, 69 (1): 155 -177.

[78] Venables A. J. Equilibrium Locations of Vertically Linked Industries [J]. International Economic Review, 1996, 37 (2): 341 -359.

[79] Venables A. J. Equilibrium Locations of Vertically Linked Industries [J]. International Economic Review, 1996, 37 (2): 341 -359.

[80] Wen M. Relocation and Agglomeration of Chinese Industry [J]. Journal of Development Economics, 2004 (1): 329 -347.

[81] Zeng D. Z. , Zhao L. Pollution Havens and Industrial Agglomeration [J]. Journal of Environmental Economics and Magement, 2009, 58 (2): 141 -215.

附　录

附表 1　1998～2010 年中国制造业所有细分行业生产活动的空间基尼系数

行业＼年份	1998	2002	2004	2006	2008	2010
农副产品制造业（c13）	0.521	0.578	0.58	0.59	0.572	0.551
食品制造业（c14）	0.556	0.537	0.534	0.552	0.534	0.51
饮料制造业（c15）	0.504	0.505	0.492	0.492	0.477	0.487
烟草制造业（c16）	0.613	0.569	0.568	0.559	0.548	0.546
纺织业（c17）	0.691	0.726	0.752	0.757	0.754	0.738
纺织服装鞋帽制造业（c18）	0.77	0.776	0.778	0.776	0.76	0.733
皮革毛皮羽毛制造业（c19）	0.749	0.78	0.772	0.769	0.755	0.749
木材加工及棕草制造业（c20）	0.619	0.62	0.612	0.635	0.624	0.607
家具制造业（c21）	0.656	0.685	0.723	0.726	0.723	0.687
造纸及纸制品业（c22）	0.603	0.651	0.682	0.679	0.671	0.642
印刷业、记录媒介的复制（c23）	0.577	0.589	0.644	0.628	0.614	0.601
文教体育用品制造业（c24）	0.825	0.824	0.829	0.826	0.822	0.806
石油加工、炼焦及核燃料加工业（c25）	0.562	0.563	0.55	0.536	0.519	0.496
化学原料及化学制品制造业（c26）	0.518	0.561	0.573	0.594	0.584	0.584
医药制造业（c27）	0.473	0.457	0.47	0.481	0.493	0.493
化学纤维制造业（c28）	0.707	0.743	0.793	0.823	0.824	0.832
橡胶制造业（c29）	0.62	0.676	0.698	0.703	0.705	0.69
塑料制造业（c30）	0.715	0.714	0.723	0.718	0.697	0.662
非金属矿物制品业（c31）	0.548	0.543	0.571	0.589	0.581	0.545
黑色金属冶炼及压延加工业（c32）	0.516	0.524	0.546	0.555	0.545	0.541
有色金属冶炼及压延加工业（c33）	0.433	0.422	0.466	0.498	0.522	0.519
金属制品业（c34）	0.686	0.705	0.719	0.718	0.693	0.667

续表

行业 \ 年份	1998	2002	2004	2006	2008	2010
通用设备制造业（c35）	0. 63	0. 667	0. 675	0. 681	0. 668	0. 654
专用设备制造业（c36）	0. 615	0. 633	0. 605	0. 598	0. 585	0. 583
交通运输设备制造业（c37）	0. 561	0. 56	0. 546	0. 544	0. 554	0. 55
电子机械及器材制造业（c39）	0. 689	0. 715	0. 731	0. 726	0. 704	0. 681
通信设备、计算机及其他电子设备制造业（c40）	0. 748	0. 778	0. 814	0. 811	0. 809	0. 8
仪器仪表及文化、办公用机械造业（c41）	0. 766	0. 739	0. 766	0. 76	0. 736	0. 725

资料来源：笔者计算整理。

附表 2　1998 ~ 2010 年中国制造业分行业生产活动的集聚度演进趋势

行业代码	t	t^2	R - sq	year	类型
c13	0. 02	-0. 001	0. 916	2005	4
c14	—	—	0. 504	2005	0
c15	—	—	0. 704	2003	0
c16	-0. 011	0. 0004	0. 947	1999	3
c17	0. 177	-0. 009	0. 908	2006	4
c18	0. 008	-0. 0007	0. 903	2003	4
c19	0. 01	-0. 0007	0. 792	2003	4
c20	—	—	-0. 149	2007	0
c21	0. 026	-0. 0015	0. 78	2005	4
c22	0. 026	-0. 0015	0. 93	2004	4
c23	0. 02	-0. 0012	0. 644	2004	4
c24	—	—	0. 086	2004	0
c25	—	-0. 0006	0. 968	2001	4
c26	0. 017	-0. 0007	0. 958	2009	4
c27	—	—	0. 763	2009	0
c28	0. 021	-0. 0006	0. 952	2010	4
c29	0. 0238	-0. 0012	0. 936	2009	4
c30	0. 01	-0. 0009	0. 731	2003	4
c31	0. 013	-0. 0007	0. 437	2007	4
c32	0. 009	-0. 0004	0. 792	2006	4

续表

行业代码	t	t^2	R - sq	year	类型
c33	—	—	0.888	2009	0
c34	0.017	-0.0012	0.8	2003	4
c35	0.015	-0.0009	0.918	2003	4
c36	—	—	0.632	2001	0
c37	-0.004	—	0.339	2003	2
c39	0.017	-0.0013	0.898	2004	4
c40	0.018	-0.0009	0.903	2005	4
c41	—	-0.0006	0.343	2004	4

注：行业代码依据表4-8第一列。"year"表示该产业空间集聚度最高的年份；"类型"一列中，0表示稳定不变；1表示持续上升型；2表示持续下降型；3表示正"U"形；4表示倒"U"形变动轨迹。空格表示估计参数不能通过显著性检验。

资料来源：笔者整理计算。

附表3　1998~2009年制造业细分行业创新活动的集聚度演进趋势

行业代码	AGini指标		相关系数			CGini	创新的集聚度更高吗？	
	演进趋势	拟合优度	AGini - CR4	Agini - HHI	Agini - CGini		基于AGini	基于CGini
c13	0	—	0.695	0.804	0.626	—	1	1
c14	1	0.144	0.865	0.898	0.461	4	1	1
c15	0	—	0.855	0.711	0.51	—	1	1
c16	3	0.53	0.991	0.91	0.91	—	1	1
c17	1	0.928	0.992	0.971	0.963	—	1	1
c18	1	0.43	0.972	0.968	0.944	—	1	1
c19	1	0.62	0.991	0.952	0.895	—	1	1
c20	1	0.29	0.975	0.584	0.452	4	1	1
c21	1	0.29	0.943	0.782	0.524	—	1	1
c22	1	0.357	0.852	0.816	0.516	—	1	1
c23	0	—	0.969	0.629	0.609	—	1	1
c24	0	—	0.871	0.962	0.643	—	1	1

续表

行业代码	AGini 指标		相关系数			CGini	创新的集聚度更高吗?	
	演进趋势	拟合优度	AGini - CR4	Agini - HHI	Agini - CGini		基于 AGini	基于 CGini
c25	0	—	0.91	0.8	0.679	—	1	1
c26	1	0.299	0.932	0.812	0.669	—	1	1
c27	1	0.563	0.919	0.892	0.611	—	1	1
c28	1	0.902	0.99	0.983	0.974	—	1	1
c29	1	0.858	0.938	0.97	0.886	—	1	1
c30	1	0.705	0.97	0.915	0.727	—	1	1
c31	1	0.746	0.976	0.991	-0.32	0	1	1
c32	2	0.801	0.987	0.982	0.186	0	1	1
c33	1	0.758	0.975	0.974	0.935	—	1	1
c34	0	—	0.84	0.915	0.787	—	1	1
c35	2	0.62	0.95	0.917	0.778	—	1	1
c36	0	—	0.896	0.919	0.671	—	0	1
c37	2	0.774	0.977	0.941	0.732	—	1	1
c39	2	0.692	0.704	0.957	0.855	—	1	1
c40	1	0.482	0.767	0.93	0.799	—	0	0
c41	1	0.196	0.839	0.901	0.356	0	0	0
制造业	1	0.704	0.97	0.899	0.891	—	1	1

注:“演进趋势”一列中“1”表示持续集中,“2”表示持续分散,“3”表示“U”形趋势,“4”表示倒“U”形趋势,“0”表示其他类型。“拟合优度”为调整的 R^2,当 t 和 t^2 的回归系数均不显著时,集聚度无明显时间趋势,拟合优度极低甚至为负值;“aver”表示 28 个产业集聚度的平均值。最后两列中,“1”表示创新的集聚度始终高于生产的集聚度,“0”表示创新的集聚度低于生产的集聚度。

资料来源:笔者计算整理。

附表 4　1998～2010 年制造业细分产业生产活动的集聚度演进趋势

行业代码	AGini 指标		相关系数			CGini 指标
	演进趋势	拟合优度	Agini - CR4	Agini - HHI	AGini - CGini	
c13	4	0.916	0.84	0.96	0.93	—
c14	0	0.359	0.12	0.35	-0.24	4

续表

行业代码	AGini 指标		相关系数			CGini 指标
	演进趋势	拟合优度	Agini - CR4	Agini - HHI	AGini - CGini	
c15	0	0.645	0.54	0.66	-0.76	1
c16	3	0.947	0.99	0.98	0.97	—
c17	4	0.908	0.99	0.98	0.95	—
c18	4	0.903	0.93	0.92	0.53	—
c19	4	0.792	0.96	0.87	-0.13	1
c20	0	-0.149	0.56	0.85	0.27	3
c21	4	0.796	0.96	0.93	0.9	—
c22	4	0.93	0.98	0.98	0.86	—
c23	4	0.644	0.99	1	0.92	—
c24	0	0.086	0.45	0.61	-0.08	3
c25	4	0.968	0.87	0.96	0.41	—
c26	4	0.958	0.99	0.98	0.68	—
c27	0	0.735	0.9	0.98	0.44	4
c28	4	0.952	1	1	0.99	—
c29	4	0.936	0.99	0.95	0.68	—
c30	4	0.731	0.99	0.94	0.19	3
c31	4	0.437	0.97	0.99	0.79	—
c32	4	0.792	0.94	0.95	0.92	—
c33	0	0.877	0.96	1	0.38	4
c34	4	0.8	0.98	0.96	0.16	2
c35	4	0.918	0.77	0.57	-0.13	2
c36	0	0.655	0.95	0.96	0.8	—
c37	2	0.257	0.93	0.92	0.49	4
c39	4	0.898	0.91	0.98	0.81	—
c40	4	0.903	0.97	0.97	0.78	—
c41	4	0.343	0.86	0.71	0.49	2
制造业	4	0.817	1	0.99	0.88	—

注："演进趋势"一列中"1"表示持续集中，"2"表示持续分散，"3"表示"U"形趋势，"4"表示倒"U"形趋势，"0"表示其他类型；"aver"表示各产业集聚度的算术均值；"CGini 指标"一列中的空格表示根据 CGini 系数测度的结果和 AGini 系数测度的结果相同。"拟合优度"为调整的 R^2，当 t 和 t^2 的回归系数均不显著时，集聚度无明显时间趋势，拟合优度极低甚至为负值。

资料来源：笔者计算整理。

致 谢

这是一段小结。

十年的时光模糊了很多记忆，但初心依然清晰。2011 年当我考上研究生时，学术生涯便正式开始。万事开头难，正规的学术训练当然也是如此。研究生的三年时间多用于选题、读文献、读名著、批判性地分析、构思毕业设计、尝试动手写、不断修改……。回忆起这个挣扎的过程，最要感谢的应该是我的导师黄志亮教授。三年的言传身教不仅让我学会了这些基本研究技能，更让我开始体会到什么是扎实、不浮躁。晚上十点钟下自习时他办公室未灭的灯光一直激励着我和其他学友。在黄老师的引导与帮助下，经过反复修改，我的硕士毕业论文顺利通过评审，并被评为当年重庆市优秀硕士研究生毕业论文。

博士阶段对学术与科研成果的数量、质量均有更高的要求。“压力山大”是当时状态的真实写照，依然清晰地记得第一次投稿被拒时沮丧的心情。感谢导师王燕教授三年间在论文写作与课题研究中给予的无私帮助、理解与包容。同时也感谢国经所赵志红博士和文学院陈翔博士，与他们关于商业、历史、哲学和文学的交流使我在这些方面进益良多，他们广博的知识、开阔的视野和积极乐观的态度给我深刻印象。感谢张永恒和李俊等博士同学，与他们在一起的运动时光肯定是学习之外最开心的事情了。

研究生生涯和三年“青椒”经历，带给我什么？除了学术研究技能与经验的不断积累，更重要的要算是开始学着善待人生中的挫折与不如意、隔绝工作压力与生活、形成独立审美、坚持己见与扎实前行。

从此，这又是一个起点。Practice makes perfect！加油！

王志强

二零二一年二月于中北大学